ゴルフの授業実践

体育授業としてのゴルフ

大学ゴルフ授業研究会 編

三恵社

2

大学ゴルフ授業研究会設立の背景と
本書の発行にあたり

　全国の多くの大学において「ゴルフ」は体育授業に取り入れられている（延べ約 580 大学，大学ゴルフ授業研究会調べ，2014）。しかし、大学ゴルフ授業の場合、簡易的なフィールドや用具で実施されている授業が多い。例えば、『移動式ケージへのショット練習が中心の大学』、『学内のゴルフ専用練習場を使用して行われる大学』、『グラウンドやテニスコートで軽量ボール使用した打ちっぱなしを中心に行う大学』、『学外のゴルフ場で実際にコースラウンドさせる大学』、『教員がグラウンド等に簡易コースを設定しラウンドさせる大学』など、授業形態は大学によって様々である。

　このような対応は、大学体育授業でよく実施されている、サッカー、テニス、バスケットボール、ソフトボール、バレーボール、卓球など、他のボールゲームでは考えにくい。教具や教場環境の異なる複数の大学におけるゴルフ授業調査では、教具や教場の影響は、学習効果やその後の継続意欲へも大きな影響を及ぼすことが示唆された（北徹朗ら，2013）。　この研究結果からも示されるように、「大学におけるゴルフの授業づくり」は他の種目に比べ特殊性が高く、大学の置かれた環境を考慮したより一層の授業展開の工夫が求められる。本研究会では、参加者が各大学で実施している《授業方法・内容》、《練習アイディア》、《オリジナル教材》、《教場づくり》、《シラバス》、《授業スケジュールの工夫》などをお互いに披露し合うことによって、より良いゴルフ授業づくりに向けた情報交換の場となることを目指している。

特に、経験の少ない若手教員にとっては、本研究会の場で他の先生の授業方法やアイディアを知ることは、既存の出版物や映像資料等では触れることのできない貴重な経験になるものと思われる。本研究会は、大学ゴルフ授業担当者同士の交流促進と授業実践事例の蓄積をすすめ、大学体育への貢献を目指すものである。

　本書が大学ゴルフ授業のプラットフォームとして役立てられることを期待しつつ、今後も改訂・増刷を繰り返しながら、今後も内容を充実させて行く予定である。

2016 年 5 月 22 日

大学ゴルフ授業研究会

代表　北　徹朗

目次

大学ゴルフ授業研究会設立の背景と本書の発行にあたり・・・・・・3

第1章：大学ゴルフ授業の実態・・・・・・・・・・・・・・・・7
1．教養体育における大学ゴルフ授業実施の現状と調査の概要・・・8
2．大学でゴルフを担当する教員の実態・・・・・・・・・・・・11
3．雨天時のゴルフ授業の方法の実態・・・・・・・・・・・・・15
4．ICT を利用した大学ゴルフ授業の実態・・・・・・・・・・18
5．大学ゴルフ授業におけるヒヤリハットと安全対策・・・・・25

第2章：大学ゴルフ授業における技術指導の導入・・・・・・・33

第3章：大学ゴルフ授業に役立つ教具・教材・・・・・・・・・47
1．グラスファイバーを利用したスイング軌道練習器・・・・48
2．廃材を利用したスイング軌道練習器・・・・・・・・・53
3．コースを学生に考えさせる授業とその一例・・・・・・・56
4．ラウンドのための導入授業事例・・・・・・・・・・・64
5．ゴルフスイング体操・・・・・・・・・・・・・・・・69
6．アプローチコンテスト・・・・・・・・・・・・・・・78
7．チェックシートを用いたグループ学習・・・・・・・・・85
8．大学ゴルフ授業における ICT 利用のテクニック・・・・・・88
9．L 字アングルを利用したスイング指導・・・・・・・・・95
10．課外教育プログラムの事例・・・・・・・・・98

第4章：ゴルフ授業に関する文献レビュー・・・・・・・・・・・103

第1章
大学ゴルフ授業の実態

第1章　大学ゴルフ授業の実態

1. 教養体育における大学ゴルフ授業実施の現状と調査の概要

　大学ゴルフ授業研究会では 4 年制大学のシラバス全数調査を実施した。その結果、調査時に 581 もの「ゴルフ」を含む体育実技が開講されていることがわかった。しかし、北ら（2013）が指摘しているように、大学ゴルフ授業の場合、各大学の教場環境に応じて簡易的なフィールドや用具（特にボール）で実施されている授業が多い。このような対応は、大学体育授業でよく実施されている、サッカー、テニス、バスケットボール、ソフトボール、バレーボール、卓球など、他のボールゲームでは考えにくい。教具や教場環境の異なる複数の大学におけるゴルフ授業調査では、教具や教場の影響は、学習効果やその後の継続意欲へも大きな影響を及ぼすことが示唆されている（北ら，2013）。この研究結果からも示されるように、「大学におけるゴルフの授業づくり」は他の種目に比べ特殊性が高く、大学の置かれた環境を考慮したより一層の授業展開の工夫が求められる。

　大学ゴルフ授業のカリキュラム開発のための基礎資料を得るために、大学シラバスの全数調査でその開講実態を把握した後、アンケート調査を実施した。屋外スポーツであるゴルフにいて、雨天時には教場環境が限定される点から、各授業担当者の教育方法の実態を調査し、ICT 教材の使用実態も併せて調査した。さらには、安全対策の方策を示すための基礎資料を得るため、担当教員におけるヒヤリハットの有無とその内容を調査した。

　ゴルフは多くの大学体育授業において教材として採り入れられているが、各大学の置かれた教場環境によってその指導内容や教育効果が大きく異なり、その後のゴルフ継続意欲にも相違がみられることが報

告されている（北ら,2013）。

　北らは過去に、大学ソフトボール授業の方法や使用教材について、全国の授業担当者（278名）を対象に郵送法によるアンケート調査を実施している。そこでは、屋外種目であるソフトボールにおける、雨天時の授業プログラムや視聴覚教材等について報告されている（北ら,2010）。ゴルフは全国の多くの大学において教養体育授業として取り入れられており、大体連の全国研修会や支部研修会で毎年開講されているプログラムである。本研究ではこうした背景から、全国の大学ゴルフ授業担当者が雨天時に行う授業概要や、視聴覚教材またはICT（Information and Communication Technology）教材等の使用実態、安全対策等について調査を実施し、全国の大学ゴルフ授業担当教員の授業方法やアイディアを結集し報告することにより、大学ゴルフ授業の基礎資料として広く役立てられることを目指したいと考えた。

　ゴルフは多くの大学の体育授業で採り入れられているものの、ゴルフ担当教員の屋内授業における対応策やICT教材についての見解が示された調査報告はない。こうした背景から、大学体育授業のニーズや受講生のレベルに応じたゴルフ授業におけるICT教材のあり方や雨天時授業の方法、さらには担当教員のヒヤリハット経験に基づく安全対策を示すことを目的として、全国のゴルフ授業担当者を対象に実態調査を試みることとした。

１．調査内容・項目

本研究では、全国の大学ゴルフ授業担当者に郵送法によるアンケート調査を実施し、主に、下記の点を明らかにすることを目的とする。

（１）「雨天時の授業の場所・方法」（どこでどんな授業を展開しているのか）。

（２）「使用している視聴覚教材・ICT教材の有無及び内容」、「視聴覚教材・ICT教材の使用頻度や時間」、「視聴覚教材・ICT教材使用における課題」など。

（３）ゴルフ授業における安全対策。特に、いわゆる"ヒヤリハット"

第1章　大学ゴルフ授業の実態

経験の有無とその場面。

２．調査方法・回収数

　全国の全4年制大学（782大学）のシラバスを各大学のウェブサイトで確認し「ゴルフ」が実施されている授業を検索した。その結果581名のゴルフ授業担当教員が抽出された。そのうち、退職などの理由での返送分を除く556名を本調査の対象とした。

　調査用紙は郵送により各ゴルフ授業担当教員の所属大学に送付し、170名からの回収が得られた（回収率30.8%）。調査期間は平成26年10月24日〜平成27年2月28日であった。

３．調査の結果

　以降、「２．大学でゴルフを担当する教員の実態」、「３．雨天時のゴルフ授業の方法の実態」、「４．大学ゴルフ授業におけるヒヤリハットと安全対策」を参照して頂きたい。この調査は、公益社団法人全国大学体育連合の研究助成金を利用して行われた。

（北　徹朗）

引用・参考文献
1．北徹朗・橋口剛夫・髙橋宗良・浅井泰詞（2016）大学ゴルフ授業における雨天時授業、安全対策、ＩＣＴ教材利用の実態調査、大学体育107号

2. 大学でゴルフを担当する教員の実態

1．ゴルフ担当教員のプロフィール

(1) 性別

担当教員の性別は、男性 92.2%、女性 5.4%、無回答 2.4% であった。

(2) 年代

担当教員の年齢を年代別で比較すると、20 歳代が 1.2%、30 歳代が 13.9%、40 歳代が 16.9%、50 歳代が 33.1%、60 歳代が 28.9%、70 歳代が 2.4%、無回答が 3.6% であった。50 歳以上の担当教員が、全体の 3 分の 2（64.4%）であった。また担当教員全体の平均年齢は、53.2 歳（標準偏差 10.9 歳）であるが、男性教員のみでは 53.6 歳（同 10.6 歳）、女性教員のみでは 45.4 歳（同 13.9 歳）であった。

(3) ゴルフ授業歴

ゴルフの授業歴を 5 年ごとに比較したところ、0−5 年が 30.1%、6−10 年が 15.1%、11−15 年が 8.4%、16−20 年が 19.3%、21−25 年が 7.8%、26−30 年が 12.1%、31−35 年が 3.0%、36−40 年が 1.8%、無回答が 2.4% であった。5 年以下の授業歴が 30.1% と最も多かったが、21 年以上の授業歴を有する教員も 24.7% と多かった。ゴルフの授業歴の全体の平均では、14.7 年（標準偏差 10.5 年）であった。

(4) ゴルフ担当教員の立場

ゴルフを担当する大学での教員の立場について明らかにした。専任教員としてゴルフ授業を担当している割合は 63.3%、非常勤講師として担当している割合は 34.3%、無回答が 2.4% であった。

第1章　大学ゴルフ授業の実態

(5)　ゴルフ担当教員の研究専門領域

　ゴルフ担当教員の研究の専門領域について比較したところ、専門領域の多い順に以下の通りであった。運動生理学・スポーツ生理学領域が 16.3%、体育方法学・スポーツ方法学・運動方法学領域が 14.5%、スポーツバイオメカニクス領域が 10.8%、コーチング学領域が 6.6%、体育心理学・スポーツ心理学領域、身体運動学・スポーツ運動学・運動学領域、体育社会学・スポーツ社会学領域の各々が 5.4%、健康科学領域が 4.8%、発育発達、発達運動学領域が 3.6%、体育科教育学領域、スポーツ医学・体力医学領域、スポーツ史・体育史領域の各々が 2.4%、トレーニング領域、測定評価領域、スポーツ人類学・人間情報学領域、衛生学・公衆衛生学・予防医学領域の各々が 1.8%、体育原理・スポーツ哲学領域、経営管理・スポーツマネジメント領域、環境生理学領域、レクリエーション領域の各々が 1.2%、スポーツ政策領域、機能解剖学領域、疫学領域、生涯スポーツ領域、特別活動領域の各々が 0.6%、未回答が 4.8%であった。

(6)　ゴルフ担当教員の専門スポーツ種目

　ゴルフ担当教員が専門としているスポーツ種目について比較したところ、多い順に以下の通りであった。陸上競技 15.7%、バレーボール9.6%、サッカー9.0%、スキー8.4%、水泳 7.2%、体操・器械体操（体操競技）6.0%、ゴルフ 4.8%、バスケットボール、野球が各々4.2%、剣道 3.6%、ラグビー3.0%、テニス、ソフトテニス、アメリカン・フットボール、軽スポーツ（ニュースポーツ・レクリエーション・ウォーキング・エクササイズ）の各々が 2.4%、ソフトボール、柔道の各々が1.8%、バドミントン 1.2%、卓球、合気道、トランポリン、ハンドボール、相撲、野外活動の各々が 0.6%、特になしとの回答が 3.0%、無回答は 3.0%であった。

2．ゴルフ担当教員のプロフィールのまとめ
(1)　ゴルフ担当教員の全体的な様子
　ゴルフの担当教員は、9 割以上が男性である。年代では、50 歳以上が 3 分の 2 を占める。また大学の立場では、6 割以上が専任教員として担当している。ゴルフの授業歴では、5 年以下が 3 割であったが平均では約 15 年であり、指導経験の豊富な教員が多いと考えられた。研究の専門領域や専門のスポーツ領域は広範であり、各領域にこだわらない多くの立場からゴルフの授業を担当していることがわかった。

(2)　年代とゴルフ授業歴との関わり
　年代別にゴルフの授業歴を比較検討したところ、20 歳代は 2.5 年（標準偏差 0.7 年）、30 歳代は 4.2 年（同 4.8 年）、40 歳代は 9.9 年（同 6.9 年）、50 歳代は 17.3 年（同 9.6 年）、60 歳代は 19.5 年（同 10.7 年）、70 歳代では 21.0 年（同 14.2 年）であった。年代が高まるにつれてゴルフ授業歴の増加がみられたが、統計的にも年代と授業歴との間には有意な関係（$p < 0.001$）が認められた。

(3)　ゴルフ担当教員の専門スポーツ
　ゴルフ担当教員が専門としているスポーツ種目について、その特性を検討した。ここではゴルフが球技であることから、専門のスポーツ種目が球技系かそれ以外のスポーツ種目かで比較をした。球技系の種目を専門としている担当教員は全体の 46.2%、球技系以外が 47.5% であり、両者に違いは認められなかった。また球技は、その種目特性からゴール型（サッカーやバスケットボールなど）、ネット型（バレーボールやテニスなど）、ベースボール型（野球、ソフトボール）、ターゲット型（ゴルフなど）に大きく分類される。そこでゴルフ担当教員（球技系担当教員 46.2%）について検討したところ、ゴール型 19.2%、ネット型 16.2%、ベースボール型 6.0%、ターゲット型 4.8% であった。種目の詳細からチームスポーツが多く（36.0%）、テニスやゴルフなどの個人種目を専門とする教員は少なかった（10.2%）。一方、球技系以外

第1章　大学ゴルフ授業の実態

の種目である陸上競技、スキー、水泳、器械体操、剣道、柔道などは基本的に個人種目と言える。これらのことから、ゴルフ担当教員が専門としているスポーツ種目は広範であり、球技系を専門としている教員がゴルフを担当しているとは限らず、全体としてはチームスポーツより個人種目を専門とする教員が多い傾向にあると言えた。

(橋口剛夫)

引用・参考文献

１．北徹朗・橋口剛夫・髙橋宗良・浅井泰詞（2016）大学ゴルフ授業における雨天時授業、安全対策、ＩＣＴ教材利用の実態調査、大学体育 107 号

3. 雨天時のゴルフ授業の方法の実態

　雨天時には、主にどこで、どのような授業を行われているかいについて、自由記述で回答を求めたところ、152名から回答が得られた。回答内容を分析したところ、187件の実施事例が抽出された。その事例を分類した結果、雨天時のゴルフ授業の対応策として9つの対応に大別され、以下の順に多く挙げられた。

①屋内教場でゴルフ実技を行う（42.2％）
②教室で座学やビデオ学習を行う（28.3％）
③屋内教場で別のスポーツ種目を実施する（9.6％）
④雨天時もカリキュラム内容は変えない（集中授業等のため）（7.0％）
⑤学内に屋根つき練習場があるため雨天に影響されない（7.0％）
⑥体育館など屋内でのゴルフ授業のため雨天に影響されない（2.1％）
⑦学外の民間練習場へ出かける（1.6％）
⑧教室で体育理論や保健理論の講義を行う（1.1％）
⑨他のクラスの状況によりその都度対応が異なる（1.1％）

　雨天時には、「屋内教場にてパターやアプローチなど実技を行う」授業が最も多く、次に「教室で座学やビデオ学習を行う」という回答が多かった。屋内の省スペースの教場でも使用できる教具はパターマットなどが主流であり、市販用具を利用した授業展開では実施できることが限られている。この点においては、大学ゴルフ授業研究会のメンバーを中心に、屋内教場等で使用できる身近な素材を利用したオリジナル教具・教材の開発が盛んに行われ始めている（髙橋ら，2013）、（北，2014）、（松村，2015）、（北，2015）。

第 1 章　大学ゴルフ授業の実態

　また、逆に、ビデオ学習に用いるために市販されているゴルフ関連書籍等を検索した場合、1000 件を超えるタイトルがヒットし、その数は大学体育によく導入されている他のスポーツ（サッカー、バスケットボール、ソフトボール等）に比較しても、桁違いに多い（北，2016）。つまり、どの動画や資料を示すことが適当なのかが、市販されている資料が多すぎて的が絞り難い現状もある。大学の教場環境に応じたテキストや動画資料などの開発が望まれるが、この点については、大学ゴルフ授業研究会（代表：北徹朗）と日本プロゴルフ協会（会長：倉本昌弘）がテキストの共同開発がすすめられている（北，2016）。

屋内［剣道場］での実技授業（パター）

（北　徹朗）

引用・参考文献

1. 北徹朗・橋口剛夫・髙橋宗良・浅井泰詞（2016）大学ゴルフ授業における雨天時授業、安全対策、ＩＣＴ教材利用の実態調査、大学体育 107 号

2. 髙橋宗良・松林幸一郎（2013）身近な素材を利用した大学ゴルフ授業に役立つ教具づくりと指導法：第1回大学ゴルフ授業研究会ワークショップ、大学体育 102 号、pp.92-94

3. 北徹朗（2014）楽しいゴルフ授業づくりのテクニック　－アプローチ指導の一例－、大学体育 103 号、pp.119-120

4. 松村公美子（2015）ゴルフスイング体操－安全で効率的なゴルフ練習法を目指して－、ゴルフ教育研究　第 1 巻第 1 号、pp.9-21

5. 北徹朗（2015）内転筋を活用して腰が開くのを防止するための教具と実践法、ゴルフ教育研究　第 1 巻第 1 号、p.22

4. ICT を利用した大学ゴルフ授業の実態

1．ICT とは
(1)　ICT とは何か

　現代は情報化社会となり、情報処理および情報通信、ネットワーク環境等の技術の発展が著しい。その中で、2000 年代半ば以降、IT（Information Technology：情報技術）に替わる言葉として、ICT（Information and Communication Technology：情報通信技術）という言葉が使われるようになってきた。教育分野でも、文部科学省によって「教育の情報化に関する手引き」や「教育の情報化ビジョン」が公表され、ICT を活用した授業実践が増えてきており、体育分野においても特に実技指導において ICT を活用した授業が増えてきている。

(2)　教育現場における ICT 利用

　教育現場で利用される ICT には、電子黒板、パソコン、タブレット型端末、デジタルビデオカメラ、DVD 等があり、実技授業においては教室外で行うため、持ち運びが可能なタブレット型端末やデジタルビデオカメラ等が頻繁に用いられている。特にゴルフ授業においては、開講されている大学によって教場が多種多様であり、学外で授業を行うことも多く、ICT の活用の場は広がりを見せている。

　近年普及し始めた iPad をはじめとしたタブレット型端末では、カメラとモニターが一体化されており、軽量で扱いが容易であるため、様々な教場での利用が簡単に行えるようになってきた。また、スマートフォンなどの携帯電話端末も、小型ではあるもののカメラの性能も良く、充分な役割を担うことができるようになったことで、さらに簡易的に利用できるようになった。こういったスマートデバイスを利用するこ

とで、効率的に授業を展開していくことができる。

２．大学ゴルフ授業における ICT 活用状況
(1) スマートデバイス活用状況

　大学ゴルフ授業研究会の調査によると、ゴルフ授業における iPad などのタブレット型端末の使用割合は 30.1％であり、スマートフォンなどの携帯電話端末の使用割合は 15.7％であった。タブレット型端末と携帯電話端末の両方を使用している割合は 11.4％、タブレット型端末のみ使用が 18.7％、携帯電話のみ使用が 4.2％で、全体の 34.3％の教員がいずれかの ICT を使用していることになる（図１）。使用方法としては、学生のスイングやフォームチェック、プロなどの映像との比較、初回授業と最終授業での上達度チェックなどに使用していることが多く、そのほか、動作解析アプリケーションを用いて、ラインや角度などを書き込み、視覚的にわかりやすく解説を行っている場合もある。

(2) DVD および動画等の使用状況

　授業において DVD や動画等の使用頻度についての調査では、「よく使用する」が 5.5％、「時々使用する」が 40.2％、「あまり使用しない」が 28.0％、「全く使用しない」が 26.2％となっている（図２）。そのうち、「よく使用する」および「時々使用する」と回答した者を対象に、1 コマあたりの使用時間を調査したところ、「10 分程度」11.8％、「20 分程度」26.5％、「30 分程度」33.8％、「40 分程度」10.3％、「50 分程度」4.4％、「60 分程度」7.4％、「その他」5.9％という結果となった。多くは 20〜30 分の使用と、授業の 3 分の 1 程度の時間を使用していることになる（図３）。また、通常授業時にタブレット型端末や携帯電話端末で撮影しておいた映像を、雨天時の教室での教材として使用している例も多くみられている。

第1章　大学ゴルフ授業の実態

3．授業形態との関係

(1)　授業形態とスマートデバイス活用状況

　通常授業におけるタブレット型端末の使用割合は 28.6%、携帯電話型端末の使用割合は 17.0%であり、集中授業におけるタブレット型端末の使用割合は 24.1%、携帯電話型端末の使用割合は 3.4%となっている。通常授業と集中授業の両方を行っている授業では、タブレット型端末の使用割合 44.0%、携帯電話型端末の使用割合は 24.0%であり、通常もしくは集中授業どちらかを行っている授業比べ、使用頻度が高い（図4）。また、ゴルフのみで開講されている授業でのタブレット型端末の使用割合は 67.0%、携帯電話型端末の使用割合は 16.5%であり、複数種目で開講されている授業でのタブレット型端末の使用割合は 22.2%、携帯電話型端末の使用割合は 13.0%となっている（図5）。

(2)　授業形態と DVD および動画等の使用状況

　通常授業においての DVD や動画等の使用頻度は、「よく使用する」が 5.4%、「時々使用する」が 36.6%、「あまり使用しない」が 28.6%、「全く使用しない」が 29.5%、集中授業においては、「よく使用する」が 3.6%、「時々使用する」が 39.3%、「あまり使用しない」が 28.6%、「全く使用しない」が 28.6%となっているのに対し、通常授業と集中授業の両方を行っている授業では、「よく使用する」が 8.3%、「時々使用する」が 58.3%、「あまり使用しない」が 25.0%、「全く使用しない」が 8.3%と、スマートデバイスと同様に使用頻度が高くなっている（図6）。

4．その他の使用 ICT 機器

　タブレット型端末、携帯電話端末のアプリケーション以外で、ゴルフ授業においてその他に使用している ICT 機器には、ゴルフシュミレーションマシン、ディレイビデオシステムなどがあげられるが、いずれの機器もスマートデバイスの方が簡易的かつ手軽に利用できるため、使用頻度は高くない。機器の小型化、高性能化により、ゴルフ授

4．ICTを利用した大学ゴルフ授業の実態

業という多様な教場での利用にも対応できるようになってきている。うまく利用することにより、学習効果をあげる一つのツールになりうるため、積極的に利用していきたい。

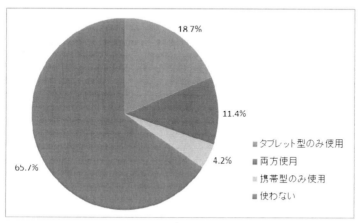

図1．スマートデバイス利用の割合

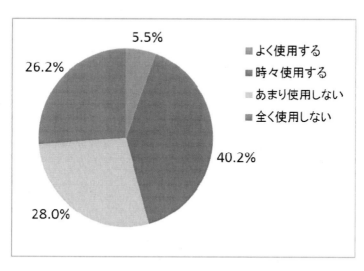

図2．DVDおよび動画の使用頻度

第1章　大学ゴルフ授業の実態

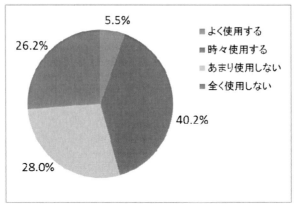

図3．1コマあたりの使用時間

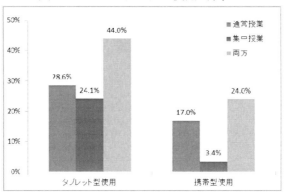

図4．授業形態別スマートデバイス活用状況

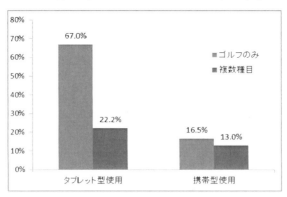

図5．授業種目とスマートデバイス活用状況

4．ICTを利用した大学ゴルフ授業の実態

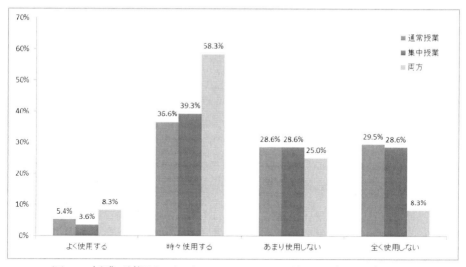

図6．授業形態別におけるDVDおよび動画の使用頻度

　近年、「教育の情報化に関する手引き」（2010、文部科学省）や「教育の情報化ビジョン」（2011、文部科学省）などが公表され、ICTを活用した授業実践や授業研究に関する報告が増えている。それに伴い、ICTと教育に関する研究報告、特にタブレット型端末を利用した授業実践に関する報告や記事が大学の教育実践においても増えており、大学ゴルフ授業におけるタブレット端末を利用した授業の実践報告も複数されている（北、2012）（田原ら、2013）。しかし、今回のICTの利用状況に関する調査については、回答者の7割弱が「使用していない」としており、使用率の低さが明らかとなった。ただ、種目複合型の授業とゴルフのみで開講されている授業別にみると、ゴルフのみで開講される授業におけるタブレット使用率は約3倍高かった。ICT関連利用授業の割合は今後も高まることが予想されるが、この点についても授業実践研究が少ないため、ICT利用授業や指導法の開発についての研究が求められる。

（浅井泰詞）

第1章　大学ゴルフ授業の実態

引用・参考文献

1．北徹朗・橋口剛夫・髙橋宗良・浅井泰詞（2016）大学ゴルフ授業
における雨天時授業、安全対策、ＩＣＴ教材利用の実態調査、大
学体育 107 号

2．文部科学省（2010）教育の情報化に関する手引き、[on line] from
http://www2.japet.or.jp/info/mext/tebiki2010.pdf

3．文部科学省（2011）教育の情報化ビジョン[on line] from
http://www.mext.go.jp/b_menu/houdou/23/04/__icsFiles/afieldfil
e/2011/04/28/1305484_01_1.pdf

4．北徹朗（2012）大学体育授業における ICT 活用授業の事例－iPad2
を利用したゴルフ授業－、大学体育 107 号、pp.147-150

5．田原亮二・北徹朗（2013）第 1 回大学体育研究フォーラムワーク
ショップ iPad を大学体育実技で使ってみよう、大学体育 101 号、
pp.99-101

5．大学ゴルフ授業におけるヒヤリハットと安全対策

１．ゴルフ授業における安全対策の必要性

　ハインリッヒの法則によると、1 件の重大事故の背後には、29 件の軽微な事故があり、更にその背後には 300 件のヒヤリハット（インシデント）がある。また、1 件の重大事故を防ぐには、その背後にある 29 件の軽微な事故と 300 件のヒヤリハットの段階で事故対策を立てる必要があると指摘されている。

　一方、ゴルフを含むスポーツ活動は、そもそも活動自体に潜在的に危険性を有している。そのため、安全にスポーツ活動を行うには、ルールや指導者、あるいは環境整備などにより、そこに潜む潜在的な危険をコントロールすることが必須となる。ところで、ゴルフは用具を使うスポーツであり、道具を用いないスポーツに比べて危険の度合いが高い。またゴルフは、同じように道具を使用する野球などと異なり、複数のプレーヤーが同時にプレーするため、他者のボールやスイングによる傷害の危険性を排除しにくいという特性を有する（野球は 1 つのボールを全員でプレーするため、プレーヤー全員がこれに集中している）。また、ゴルフにおける打球やスイングによるヘッドスピードは高速（男子では 40m/sec 以上にもなる）で動くため、これらが引き起こす傷害は重大な結果に結びつくことがある。このようなゴルフによる重大事故を防ぐには、ゴルフ固有の事故事例を集積し、ヒヤリハットレベルでの事故対策を立てなくてはならない。

２．ゴルフ事故の概要
（1）　裁判例

　ゴルフ事故について裁判例を検索したところ、判例は同伴キャディ

第1章　大学ゴルフ授業の実態

が受傷した事故1件（裁判所ウェブサイト，2002）が挙げられるにとどまっている（注1）。渡邊（2003）は、ゴルフ事故事例として、①後続組プレーヤーの打ち込み事故、②隣接ホールのプレーヤーによる打ち込み事故、③キャディを負傷させた事故、ゴルフクラブが他人に当たった事故（④練習場、⑤空き地、⑥路上）の計6件の裁判例を例示し、ゴルフに伴う危険性と責任について解説している。これによれば、ゴルファーの責任には、①先行するプレーヤーが打球の届く範囲にいないことを確認する注意義務、②スイング練習をする際の周囲の確認と場所の選定に関する注意義務がある。一方で、練習場における自打席内の通常のスイング練習をしている際に、隣打席の練習者にクラブが当たったとしても責任を問えない可能性が高いと指摘している。

(2)　民間保険請求事例

　大学ゴルフ授業では、大学施設内で行われるショット練習の他に、簡易コースによるラウンド練習（第3章3.「コースを学生に考えさせる授業とその一例」参照）や学外コースにおけるラウンド練習が行われる。ラウンド練習の際には、実際のゴルフコースで発生する事故が起こり得る。そのため、ゴルフ指導者はゴルフコースで発生する事故について十分に理解し、安全対策について十分に配慮することが求められる。

　スポーツ事故事例を概観する一つの方法として、保険の請求事例を概観する方法がある。そこで一般的なゴルフ保険についてみてみると、ゴルフ保険がカバーする補償の範囲は、①傷害保険（死亡・後遺障害）、入院、通院、②ホールインワン・アルバトロス費用、③ゴルフ用品の損害、④賠償責任、⑤熱中症補償、⑥その他に分類される（価格.com 保健）。このうち、傷害保険は契約者本人の傷害に対する保険であり、他者に対する傷害、他者の物の破損については賠償責任で補償される。

　保険請求の具体例には、①前方にいたプレーヤーへの打球事故、②カートによる接触事故、③シャンクによる打球事故、④カートからの転落事故、⑤ショットの際の捻挫、⑥OB ゾーン斜面での転倒事故、⑦

ティーグラウンドでの素振りでゴルフクラブ同伴者に当たった事故、⑧自宅庭でのゴルフ練習によって隣家のガラスを割った事故、⑨プレー中のゴルフクラブの破損、⑩練習場でのゴルフバッグの盗難、⑪ホールインワンあるいはアルバトロス達成による祝賀会・記念品費用が挙げられる（楽天 INSURANCE、三井住友海上火災保険）。

　また、傷害あるいは賠償責任事故の具体的症例には、失明、脳挫傷、神経障害による後遺障害、骨折、脱臼骨折、半月板損傷等がある。このような事故に対する保険金支払金額は、100 万円から 3620 万円（楽天 INSURANCE）と非常に高額である。

（3）　学校教育現場におけるゴルフ事故の保険請求事例

　学校事故事例検索データベースでは、2005 年〜2013 年までに学校において発生した事故のうち、災害共済給付となった 5,067 件の傷害・死亡事故事例をデータベース化している（日本スポーツ振興センター）。これによると学校におけるゴルフ関する災害共済給付事故は 7 件発生している（注2）。そのうち、授業中の事故は 2 件（いずれも選択体育、うち 1 件はターゲットバードゴルフ）であり、課外活動中 1 件（ゴルフ部）、特別活動中 2 件（うち 1 件は清掃活動中）、学校行事が 1 件、通学中が 1 件であった。清掃中および通学中の事故は、いずれもほうきや鉄パイプなどゴルフクラブ以外の棒状のものをゴルフクラブのように振った際に発生した事故であり、ゴルフとは直接関係ない事故である。

　ゴルフ授業中に発生した事故は、校庭でのラウンド中、打者が前方（ボールを打つ方向）確認に集中するあまり、後方の確認をしないでスイングしたところ、左後方にいた生徒にクラブが当たった事故である（歯牙傷害）。もう一件のターゲットバードゴルフの事故も同様の事故様態である（視力・眼球運動障害）。課外活動における事故は、被害者が素振り練習中の生徒の側方を通過した際に持っていたクラブが素振りをしている生徒のクラブに接触し、顔面を強打した事故である（視力・眼球運動障害）。特別活動では、グラウンド・ゴルフのプレー中、

第1章 大学ゴルフ授業の実態

ボールを打とうとするプレーヤーに接近したことにより、打者のスティックが被害者した事故である（精神・神経障害）。学校行事では、パークゴルフ中に、児童同士でクラブの振り方を教え合っていたところ、教わっていた児童が、教えていた児童が自身から離れる前にクラブを振ったために発生したクラブよる打撃事故である（外貌・露出部分の醜状傷害）。

以上のように、学校管理下における災害共済給付対象となったゴルフ事故は、清掃時や通学時も含めて全てスウィングによる打撃事故である。またスイング事故による傷害は重篤な結果を引き起こすこともあり、十分な注意が必要である。

3．大学ゴルフ授業におけるヒヤリハット事例
（1） ヒヤリハット事例

　髙橋ほか（2016）は、大学ゴルフ授業担当者 581 名を対象に、担当する授業におけるヒヤリハット経験について郵送法による調査を行った（配布数 556；回収数 170；回収率 30.6%；有効回答数 162：注 3）。その結果、大学ゴルフ授業担当者の 46.2%が担当授業においてヒヤリハット経験を有していることが明らかとなった。

　表 1 は、大学ゴルフ授業におけるヒヤリハットの内容についてまとめたものである（髙橋ほか，2016）。これによると、大学ゴルフ授業におけるヒヤリハット事例は、スウィングしているクラブによるもの（スウィング事故；ヒヤリハット全体の 67.0%）とショットされたボールによる事故（打球事故；同 30.8%）に 2 分される。またスイング事故のうち、50.8%がクラブを飛ばしたものであり、次いでスイング中の学生への接近（27.9%）、クラブの破損（13.1%）が順に多い。一方、打球事故のうち、最も多いのはショット練習している最中に打球方向へ打者以外の者が接近するもの（28.6%）、および、ミスショットによる打ち込み（28.6%）であり、次いで打球がネットなどによって跳ね返って打ち込まれたもの（17.9%）、ラウンド練習などにおける打ち込み（14.3%）となっている。

5．大学ゴルフ授業におけるヒヤリハットと安全対策

表1．大学ゴルフ授業におけるヒヤリハットの分類

		n	vs 1次分類 (%)	vs all (%)
全ヒヤリハット		91		100.0
	スイング事故	61	100.0	67.0
	クラブを飛ばした	31	50.8	34.1
	接近	17	27.9	18.7
	破損	8	13.1	8.3
	周囲の確認	2	3.3	2.2
	禁止場所	2	3.3	2.2
	その他 *	1	1.6	1.1
	打球事故	28	100.0	30.8
	接近	8	28.6	8.3
	ミスヒット	8	28.6	8.3
	反射	5	17.9	5.5
	打ち込み	4	14.3	4.4
その他		2	100.0	2.2
	床面を叩く	1	50.0	1.1
	安全意識が低い	1	50.0	1.1

*：右利きと左利きが向き合い、クラブがぶつかった。

(2) 安全対策

　スポーツ事故予防には、事故発生前（事故発生予防）、事故発生時（被害発生予防）、事故発生後（被害拡大予防）のそれぞれの段階で対策を立てることが効果的である（髙橋, 2008）。一方、大学ゴルフ授業で後発するヒヤリハット事例（スイング事故と打球事故）では、瞬間的に被害が発生する一方で、それ以上に被害が進行することが考えにくい。したがって指導者としては、事故発生予防と被害発生予防に最大限配慮するとともに、被害拡大対策として適切な救急体制を整備することが肝要である。

　スイング事故を防ぐには、①クラブがすっぽ抜けないようにしなくてはならない（正しいグリップとグローブの着用など；事故発生予防）、②飛球線方向（前後とも）に人を立たせない（クラブが飛んでいく方向はショットする方向とスイング後方がある；被害発生予防）ことが

第1章　大学ゴルフ授業の実態

必要である。また、スイングする本人に対しては、スイングして良い場所・してはいけない場所を徹底すること、スイングする際には自分の前後左右方向に人が居ないことを確認することを徹底しなくてはならない。

　打球事故に対しては、ショット練習する際の打席と打者以外の者が他の練習などをする場所を明確に区分すること、規定された場所以外に移動する際にはショット練習の場所と打球方向を確認すること、打球が反射するようなものの影響を受けない場所へ打席を設定すること、シャンクなど意図しない打球が飛ぶ可能性のある場所を明示することなどが事故対策として必要である。

　その他、注意が分散することによって周囲の状況の確認が不足することがあるため、受講生に対しては、ゴルフの危険性を十分に認識させ、具体的にどのような危険が存在するのか、確認すべき事項をピックアップして指導することが望まれる。

【注】

1) 裁判所ウェブサイトで裁判例を検索した結果、ゴルフに関する判例は、プレーヤーの打った球により左目を失明したキャディの事故1件であった。検索条件は、①全ての裁判所を対象とする統合検索、②判例全文を対象、③検索語は「ゴルフ」and「事故」、④裁判年月日未指定とした。その結果、昭和36年〜平成27年までの判例119件がヒットした。

2) 検索条件は、災害発生時の状況としてゴルフを検索キーワードとし、その他の条件（死亡・傷害、被災学校種、被災学年、場合別、競技種目、発生場所などは未指定とした。

3) 調査票配布数：大学ゴルフ授業担当者581名に調査票を郵送したところ、退職等により配布できなかったものを除いた数を配布数とした。

（髙橋宗良）

5．大学ゴルフ授業におけるヒヤリハットと安全対策

引用・参考文献

1．裁判所ウェブサイト（2002）平成12(ワ)5543　損害賠償請求　平成14年5月17日　名古屋地方裁判所
　　http://www.courts.go.jp/app/files/hanrei_jp/735/007735_hanrei.pdf（2015年11月27日閲覧）

2．渡邊洋祐（2003）：ゴルフ事故について．徳永・松崎・斉藤法律事務所報45号
　　http://www.tms-law.jp/lawschool/report45/report06.html（2015年11月27日閲覧）

3．価格.com　保険：ゴルフ保険比較
　　http://hoken.kakaku.com/insurance/golf/（2015年11月27日閲覧）

4．楽天INSURANCE：保険の比較．ゴルフの事故は恐ろしい？ゴルフ保険の支払い事例
　　http://hoken.rakuten.co.jp/golf/how_to_choose/001.html（2015年11月27日閲覧）

5．三井住友海上火災保険．ゴルファー保険お支払い例
　　http://www.86919.com/golf/example.html#n4（2015年11月27日閲覧）

6．日本スポーツ振興センター．学校安全Web：学校事故事例検索データベース
　　http://www.jpnsport.go.jp/anzen/anzen_school/anzen_school/tabid/822/Default.aspx（2015年11月27日閲覧）

7．髙橋宗良・北徹朗・浅井泰詞・橋口剛夫（2016）大学ゴルフ授業におけるヒヤリハット事例分析、ゴルフ教育研究2(1)（投稿中）

8．北徹朗・橋口剛夫・髙橋宗良・浅井泰詞（2016）大学ゴルフ授業における雨天時授業、安全対策、ＩＣＴ教材利用の実態調査、大学体育107号

9．高橋宗良（2008）スポーツ活動中の事故防止について、トレーニング・ジャーナル、349、pp.70-74

第1章　大学ゴルフ授業の実態

第2章
大学ゴルフ授業における技術指導の導入

第2章　大学ゴルフ授業における技術指導の導入

1．正しいボールのセッティング方法

　クラブフェースにある溝（フェースライン）の中央を目標に対し直角にセットする。

良い例

悪い例（クローズ）

悪い例（オープン）

2．グリップの指導
(1) 正しいグリップ
　線の延長が右耳と右肩の間を指す。非力な人（女性など）ほど、肩に近づく。

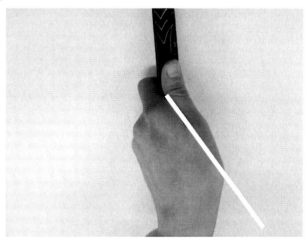

左手

右手

第2章　大学ゴルフ授業における技術指導の導入

インターロッキング　　オーバーラッピング　　ベースボール

(2) よく見られるグリップの間違い

　大学ゴルフ授業の受講者によく見られる間違いの代表的な例として、V字持ち、ロングサム（左親指の爪が見えてしまう）などがある。また、野球経験者などに多くみられる間違いとして、左の親指を右手の甲の中に入れていない握りがある。

V字持ち

左親指の爪が見えてしまう(ロングサム)

左の親指を右手の甲の中に入れていない
野球経験者などに多くみられる

第2章　大学ゴルフ授業における技術指導の導入

3．セットアップの指導

ターゲットラインに対して、肩・腰・膝が平行になるように構える

左手の握りの分だけ右肩が下がる

4．テークバックの指導
　　・左肩が顎の下に来るように意識をする。
　　・左足を動かしすぎないように注意する。

スリークォーターショット

上体が起きないように注意し、右脇を締めクラブヘッドが下がらないように注意する

第2章　大学ゴルフ授業における技術指導の導入

5．フォロースルーの指導

インパクト後、腰上部までは両腕が伸ばすことを意識する

右肩が顎の下に来るまで上体を起こさず回転し、腰を徐々に打球線方向に向けることにより右足踵が挙がる

6．スイングによく見られる悪い例

肩が回らず腕だけを挙げてしまった例
（前傾姿勢が見られない者に多く見られる）

手首が折れてカットボールになりやすい例

第2章 大学ゴルフ授業における技術指導の導入

右足が伸びて腰が左側に逃げてしまう例

スイング後、右足に体重が残ってしまった例

ボールと体の距離が近すぎるために棒立ちになってしまう

ボールと足の距離が広すぎると、膝が伸び腰が曲がりすぎ腰痛の原因となる

7．身近な素材を利用したイメージづくり
(1) グラスファイバーを利用したスイングづくり

右足側で音が出た場合は右手の力が入りすぎていて、回転がうまく行われていない。

第2章 大学ゴルフ授業における技術指導の導入

左足前で音が出るように振ることによって、左手リードの回転の確認ができる

(2) 角材とコンパネ板を利用した練習

左足上がり

右足上がり

　　　つま先上がり　　　　　　　　つま先下がり

8．アプローチの練習事例

カップイン練習

※3ヤードにカップイン後6ヤードに進む。
※6ヤードにカップイン後9ヤードに進む。
※距離の変化をヒッティングの強さではなく、回転弧の大きさにより
　打ち分けることを学ぶ。

第2章 大学ゴルフ授業における技術指導の導入

スイングの大きさによる距離変化

(松林幸一郎)

第3章
大学ゴルフ授業に役立つ教具・教材

第3章　大学ゴルフ授業に役立つ教具・教材

1. グラスファイバーを利用したスイング軌道練習器

1. 教具の作成の意義

　ゴルフの基礎は、スイングづくりにあると言っても過言ではない。実際にコースラウンドをしてゴルフを楽しむには、前後あるいは他のホールのプレーヤーに迷惑をかけず、さらにスロープレーとならない程度の打球技術が必要となる。（もちろんスロープレーとならないためのマナーが大前提である。）ボールを打つこと、すなわちクラブヘッドを適切にボールにヒットさせるには、アドレスからフィニッシュに至るまでの一連のスイング動作を習得する必要がある。したがって、ゴルフ初心者が受講者の大半である大学におけるゴルフ授業では、一定水準以上のゴルフスイングを習得させることが主要な目的となる。

　ゴルフ・スイングを習得させるためには反復練習が欠かせないが、その効率を高めるために、多様なドリルや練習器具が開発されている。しかしながら、いかに効率的にスイングが習得できるとはいえ、市販されている練習器具は決して安価ではなく、授業にかかる予算が十分に確保できない場合、スイングづくりに必要な練習器を購入することができず、これが大学体育にゴルフを導入する際の障壁となりかねない。

　そこで、本項および次項では身近にある安価なものを代替利用して、低予算でゴルフ・スイングの習得に役立つ練習器を作成するとともに、その活用方法について提案する。

48

２．グラスファイバーを利用したスイング軌道練習器
（1）　材料
- ・トンネル栽培用グラスファイバー支柱（注1）
  （5.5mm×1,800-2,400mm）
- ・テーピング・テープ
- ・目の細かいノコギリ
- ・目立てヤスリ
- ・保護メガネ
- ・工業用マスク

（2）　作成方法
①トンネル栽培用グラスファイバー支柱（長さ1,800mm〜2,400mm；以下グラスファイバーとする）を目の細かいノコギリで適当な長さ（1.0m程度）に切断する。グラスファイバーを切断した際に細かいガラス繊維片が出るため、これを吸い込まないように工業用マスクと保護メガネをする。

②切断面を目立てヤスリで整える。グラスファイバーの切断面はささくれてガラス繊維が皮膚等に刺さることがある。必要に応じてテーピング・テープなどで被覆する。

③グラスファイバーのグリップ部にテーピング・テープを巻く。グラスファイバーの直径はグリップしてスイングするには細すぎるため、グリップ部末端にかけて徐々に太くする。またグリップ部は、両手で握るためゴルフ・クラブのグリップの長さと同程度にし、握りやすい太さに調整する。なお、ビニールテープを使用してグリップを作成した場合、使用している間に接着剤でベタベタすることがあるため、グリップにはテーピング・テープを使用すると良い。

④グラスファイバーのグリップ部と反対の先端部に、テーピング・テープ（テープ幅2-3cm程度）を巻く。これはグラスファイバーの先端部に軽いウェイトを付すとともに、スウィング軌道を確認しやすくするためである（写真1）。

第3章　大学ゴルフ授業に役立つ教具・教材

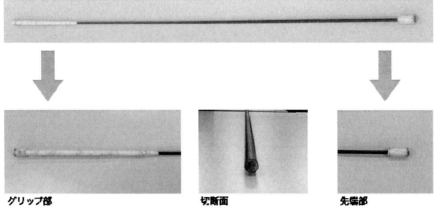

写真1. グラスファイバー練習器

3．使用方法
(1)　スイング軌道の確認
　グラスファイバーを使用してスイングすることにより、先端部のテーピング・テープの軌道が残像として残る。これにより、打者自身によってスイング軌道を確認することができる。

(2)　スイングプレーンの確認
　飛球線後方、あるいは前方から打者のスイングを観察することにより、指導者あるいは受講生同士でグラスファイバー先端のテーピング・テープの軌道からスイングプレーンを観察することができる。

(3)　ヘッドスピードの確認
　打球の飛距離を伸ばすには、クラブヘッドを加速させながらインパクトしなくてはならない。これを確認するには、グラスファイバーが空気を切り裂く音（ビュッ）が発生する位置を確認する。右打者の場合、左足外側（インパクト位置より先）で音がすると、クラブヘッドを加速させながらインパクトするスイングができていると考えられる。

1．グラスファイバーを利用したスイング軌道練習器

（4） シャフトのしなりの確認

　グラスファイバーは通常のクラブのシャフトに比べて柔らかい。そのため、スイングの際に「しなり」を意識することができる。

写真2：グラスファイバーを使用したスイング動作
（右利きの場合、左足外側（○印）付近で「ビュッ」音が出ると良い）

（5） アドレス・チェック

　グラスファイバーを 2 本使い、十字に交差させることによって飛球線方向、ボール位置を確認することができる。

第3章　大学ゴルフ授業に役立つ教具・教材

写真3：グラスファイバーを用いたアドレス・チェック

（髙橋宗良）

【注】
1) トンネル栽培用グラスファイバーとは、畑などで栽培する野菜などを、トンネル状にビニールで覆うために使用する支柱であり、ホームセンターや園芸用品店で購入することが出来る。価格は1本100円低度である（本書発行時点）。

引用・参考文献
1. 髙橋宗良・松林幸一郎(2013)身近な素材を利用した大学ゴルフ授業に役立つ教具づくりと指導法、第1回大学ゴルフ授業研究会、ワークショップ資料
2. 髙橋宗良・北徹朗・松林幸一郎(2014)身近な素材を利用したゴルフスイングづくりのための教材作成の提案、第2回大学体育研究フォーラム抄録集、p.30

2. 廃材を利用したスイング軌道練習器

1. はじめに

　本項では、身近にあるものを利用したゴルフ・スイング練習のための練習器の作成について検討する。特に大学や体育現場に身近にある物品であり、新品を用いずに廃棄するものを活用することでコストを抑えることができる。

2. ホース
(1) 材料
・ホース
・テーピング・テープ

(2) 作成方法
　ホースを1mの長さに切断する。切断したホースのどちらか一端にテーピング・テープを巻く。テーピング・テープを巻く幅は20～30cm程度にする。

写真1. ホース

3. ホース＋硬式テニスボール
(1) 材料
　・ホース
　・硬式テニスボール
　・結束バンド
　・ペンチ
　・切り出しナイフ
　・ニッパー

写真2. ホース+硬式テニスボール

第3章　大学ゴルフ授業に役立つ教具・教材

(2) 作成方法
①ホースを切り出しナイフで1mの長さに切断する。
②テニスボールに、切り出しナイフでテニスボールに2カ所穴を空ける（写真3）。一つはホースの直径よりもやや小さい穴(A)で、その反対側にもう一つ、ホースの直径よりも大きな穴(B)を空ける。カッターナイフを使用する場合には、カッターの歯が折れることがあるので注意する。
③穴Aからホース先端を差し込み、穴Bからボールの外に引き出す(写真3右)。
④穴Bから引き出したホース先端を2cm程度折り曲げ、結束バンドで固定する(写真3右)。余った結束バンドはニッパーで切り取る。
⑤穴Bから引き出して一度結束バンドで固定したホースを再度折り曲げ、再度結束バンドで固定する(写真3右)。余った結束バンドはニッパーで切り取る。
⑥穴A側からホースを引っ張り、結束バンドで固定したホース先端をテニスボール内に収める。

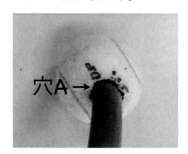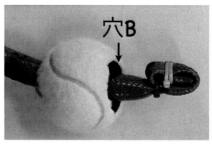

写真3．テニスボールに空けた穴とホースの加工

3．使用法
　ホースおよびテニスボール付きホースのいずれも使用方法は同じである。ホースでは、テーピング・テープの巻いていない方を、テニスボール付きホースではボールが付いていない方をグリップし、スイングをする。その際、テークバック時には左肘を、フォロー時には右肘を伸ばすことを意識してスイングする。テークバック時およびフォロー時

にしっかりと左右それぞれの肘が伸びていないと、ホース先端、あるいはテニスボールが背中や胸に勢いよく当たってしまう。

　ホースの先端のテーピング・テープ、あるいはテニスボールは、スイング中にそれぞれ白あるいは黄色のラインとして残像として残る。これにより、スイングをしている者自身でスイング中のクラブヘッドに相当する部分の軌道を確認することができる。

　以上のように、本項で紹介したスイング練習器（ホース、あるいはテニスボール付きホース）は、廃材を使用することで材料費がほぼゼロで作成することができる。また、スイング実施者自身で、左右の腕の使い方を確認することができるとともに、クラブヘッド相当部分の軌道を確認することができる。

（髙橋宗良）

引用・参考文献

1．髙橋宗良・松林幸一郎（2013）身近な素材を利用した大学ゴルフ授業に役立つ教具づくりと指導法、第１回大学ゴルフ授業研究会、ワークショップ資料
2．髙橋宗良・北徹朗・松林幸一郎（2014）身近な素材を利用したゴルフスイングづくりのための教材作成の提案、第２回大学体育研究フォーラム抄録集、p.30

第3章　大学ゴルフ授業に役立つ教具・教材

3. コースを学生に考えさせる授業とその一例

1. ゴルフ授業におけるコースラウンド経験の意義

　ゴルフの本質は、ゴルフコースにおいて打数を競い合うものであり、練習場でスイング練習をすることではない。スイング練習は、ゴルフコースに出る前に一定水準以上の打撃技術の獲得を必要とすると考えられるからこそ高い動機付けでなされるものであり、大学ゴルフ授業の発展のためにも、コースラウンドを前提とする授業展開が望まれると考えられる。

　ところで、大学におけるゴルフ授業の受講者のゴルフ経験について、北と山本（2013）は、受講生の8割がゴルフ未経験者であり、大半の学生はコースラウンド経験が無いことを指摘している。また大学においてゴルフ授業を受講した理由には、「経験が無いものの興味があった」からという理由が最も多く、次に多いのが「将来役に立つ」ため（北・山本，2013）と報告されている。さらに、ゴルフ授業に対する受講生の満足度について、北と山本（2013）は、ゴルフ場でのコースラウンドの実施が受講生の授業に対する満足度およびゴルフに対する関心度を向上させると報告している。一方、軽量プラスティックボールなどを使用したスイング練習しか行っていない場合には、授業への満足度が低い受講生が散見されることを指摘している。

　すなわち、大学においてゴルフを受講する学生は、ゴルフの楽しさを、スイング練習による技術獲得ではなく、ラウンドプレーにおいて見出す可能性が高く、これによってゴルフの魅力を具体的に感じることができるものと考えられる。したがって、大学におけるゴルフ授業の内容は、スイング練習だけで構成するのではなく、ラウンド経験を組み合わせることが望ましいと考えられる。

一方、本邦においてはゴルフコースを保有する大学は稀少であり、コースラウンド練習をするには学外のゴルフコース（ショートコースを含む）に移動しなくてはならない。しかしながら学生を引率して学外に出ることは、授業の一貫であるとしても、移動にかかる時間と費用負担、授業時間数のカウント、保険の問題から容易ではない。したがって、学内で簡易的にコースを設置し、受講生にコースラウンドを経験させることができれば、本格的なコースほどではないとしても、ゴルフの本質的な魅力の一端に触れさせることができると考えた。

 そこで本項では、学生にゴルフの本質的な面白さに触れさせるため、学内において簡易的にコースラウンド体験をさせる方法について検討する。

2．コースのつくり方
(1) 屋外ゴルフコース

 簡易ゴルフコースをつくるのには、広さ、安全性などからグラウンドが適している（写真1）。グラウンドのサーフェスは土あるいは人工芝などどのようなものでも問題無い。ただし、いずれのサーフェスであってもグラウンドを痛めてしまうことがあるため、ボールを打つ際にはボールをゴルフ用マットの上に置いてプレーすることが望ましい。

写真1．人工芝グラウンドにおける簡易ゴルフコースラウンド風景

第3章 大学ゴルフ授業に役立つ教具・教材

ホールを構成する要素は、ティーグラウンドの目印、カップの代わりになるもの、およびハザードである。ティーグラウンドの目印には、コーンやポイントマーカーが適している（写真2）。

写真2. ティーグラウンド

またカップの代わりになる物として、フラフープやカゴなど汎用性が高く、容易に設置できるものを使用すると他のスポーツ種目でも使用することができる（写真3）。また、ティーグラウンドから見るとカップの位置が分かりにくいため、旗

写真3. ホールとアプローチの風景

あるいはコーンなどで位置を明示すると良い（写真3）。なお、傘やターゲット・バードゴルフ用のホールが有る場合にはこれを用いても良い（写真4）。

ハザードには防球ネットなどグラウンドに設置している備品を使用するとよい（写真5）。ただし、ハザード設置に凝りすぎるとコース作成に時間がかかるばかりか、ホールアウトするまでに時間がかかりすぎることがある。ハザードの設置はほどほどにして、多くのホールをプレーするために時間を確保した方が良い。

58

3．コースを学生に考えさせる授業とその一例

ホールの配置には安全性を十分考慮し、ホールが交錯したり、打球を打ち込んだりすることのないようレイアウトする。また、授業時間という時間的な制約があるため、ホール間の移動距離を短くする必要がある。ホールの配置の安全かつ効率的なレイアウトについては、学生だけでは十分に配慮できないため教員が具体的に指示をすると良い。

写真4．ターゲットバードゴルフ用のホール

写真5．ハザード用の防球ネット

なお、グラウンド内にある設備、備品を利用したホール例を図1～3で示す。図1はハザードとして防球ネットを配置したホールである。ホール中間地点に防球ネットを配置することで、ティーショットの際にある程度の高さのあるボールを要求することができる。また、防球ネットをホール近くに配置した場合には、高くて止まるボールで攻めるか、あるいは防球ネットを避けて回り道するかを選択しなくてはならないなど、ショットの選択

59

第3章 大学ゴルフ授業に役立つ教具・教材

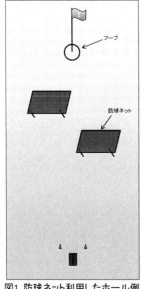

図1. 防球ネット利用したホール例

を求めるホールとなっている。また、防球ネットを配置する位置を、ティーグランドとホールの間で変化させることで、難易度や要求するショットの種類を変化させることができる。

図2は、グラウンド内のセンターサークルを制限要件としたホール例である。この場合、センターサークル内に一度ボールを止めなくてはならないという制限を加えることによって、ティーショットに具体的な距離と方向のコントロールを要求することができる。ボールを止める目印には、センターサークルのほか、サッカーのペナルティエリアや任意の目印などを用いることができる。

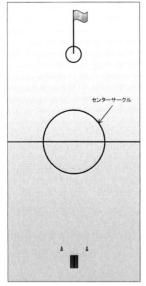

図2. センターサークルを利用したホール例

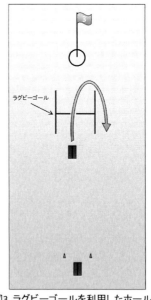

図3. ラグビーゴールを利用したホール例

３．コースを学生に考えさせる授業とその一例

　図 3 は、ラグビーやアメリカン・フットボールのゴールを利用したホール例である。この場合、ホールインする前に必ずゴールを通過しなくてはならないという制限を設ける。これにより、高さのあるボールを打つ技術を要求することができ、スイング練習においても具体的な課題を提示することができる。また、ある程度の打撃技術のあるものには、このような制限を加えることによって、簡易コースであってもゲーム的要素を高めることができる。

(2)　屋内パターゴルフ・コース
　雨天時のゴルフ授業の展開については本書第 1 章-3 に実態が示されているが、本項ではその一例として、パターマットを使用したパターゴルフ・コースについて提案する。
　パッティング技術の重要性は、一定以上のゴルフ経験を有すると理解できるものであるが、大学ゴルフ授業の受講生レベルではこれを十分に理解できないことが多いようである。そのため、大学ゴルフ授業におけるパッティング練習は、単調で刺激の無いものになることが多い。一方、レジャー施設としてのパターゴルフ・コースは、ゴルフ未経験者であっても手軽にプレーすることのできるレジャースポーツであることから、このような要素を大学ゴルフ授業に取り入れることによって、パッティング練習の単調さを補うことができる。

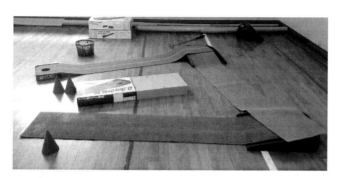

写真 6．パターマットを組み合わせたパターホール

　パッティング・ホールをつくるには、市販のパターマットに傾斜を加えたり、ハザードをつくったりすることで、ホールに変化をつ

ける。また、複数のパターマットを組み合わせることによって傾斜やレイアウトに変化をつけることができる。実際の授業においては、3-4人組でパッティング・ホールを作成し、各グループで作成したホールを全員でラウンドする。

このようなパッティング・ホールを使用することによって、雨天時に使用する教室等の狭い空間であっても実際のグリーンの起伏とコースラウンドする楽しさを疑似体験することができる。ただし、屋外ゴルフコースと同様、ハザードやパターマットの変化に懲りすぎると、ラウンドに時間がかかってしまうため肝心のパッティング練習の要素が減じてしまうので注意が必要である。

3．ラウンドの進行
（1）　危険防止
　本項で提案した簡易コースをラウンドする授業においては、打球やスイングによる危険性は実際のコースと違いは無い。使用するボールは、受講生が十分に危険性を理解し、これを回避することが出来るようになるまではプラスティック・ボールなどを使用する方が安全である。

　また、受講生には、①打者の前方には行かない、②人のいる方にボールを打ち込んでしまったら「ファー」と大きな声をかける、③スウィングする際には周囲に人が居ないことを確認する、④スイングする人のそばに近寄らない、などのゴルフ・プレーにおける基本的な危険回避に関する知識を身につけさせる必要がある。そのためには、各組にエチケットリーダーを置き、安全を確保するとともに進行を円滑にすることも必要である。

（2）　グラウンドの保護
　先述の通り、グラウンドのサーフェスによらず簡易ゴルフ・コースをつくることはできる。しかしながらグラウンドの保護の観点から、ショットの際にはボールの下にマットを置いて打つべきである。

３．コースを学生に考えさせる授業とその一例

(3)　ルール

　ゴルフ未経験者の多い大学ゴルフ授業では、まずはラウンド進行を円滑にすることを目指すことが望ましいと考える。ラウンドを円滑に進行するには他者への配慮が必須であり、これこそがゴルフのマナーやエチケットの基礎となるからである。またラウンド進行が円滑であれば、多くのホールを経験することができ、その分ゴルフの楽しさに触れることができると考えるからである。なお、ゴルフの本質的な魅力に触れるためには、スコア管理も重要である。そのためには、スコアカードを作成し、ラウンド毎にスコアを記録していくことによって受講生はコース・マネジメントの端緒に触れることができる。

４．まとめ

　大学ゴルフ授業内において簡易ゴルフコースをラウンドさせることは、ゴルフ未経験者にとっても、経験者にとっても楽しい経験である。また、コースラウンドすることによって、ショット技術の必要性が明らかになれば、スイング練習への動機付けも高まると考えられる。このように、大学ゴルフ授業において、ラウンド⇄スイング練習のサイクルが好循環することは、ゴルフ授業受講者の満足度と技術を高め、ひいては受講生が将来のゴルファーになることに繋がるものと考えられる。

（髙橋宗良）

引用・参考文献

1.　北徹朗・山本唯博（2013）ゴルフ授業における教場環境の違いが学習効果とゴルフ継続意欲に及ぼす影響 -同一教員が担当した 5大学における考察-、大学体育学 10(1)、pp.61-70

第3章　大学ゴルフ授業に役立つ教具・教材

4. ラウンドのための導入授業事例

　学内や練習場でのショットやパッティングの練習とコースラウンドの間には大きなギャップがある。ショットを1人で行う反復練習では、コースラウンドのルールやマナーは身につかない。いきなりコースに連れて行っても学生は混乱するばかりで、時間もかかる。そこで、コースラウンドを円滑に行うための導入授業を紹介する。コースラウンドを行わない場合でもゴルフのプレーを体験させる機会にできる。単調なショット練習だけでなく、ラウンドをさせるとプレーのイメージが湧き、ショット練習も意欲的になる。

1．導入授業の目的
　ショットやパッティングの練習だけでは、テニスでストロークやサービスの練習ばかりしてゲームをしないようなものである。パーティを組み、コースラウンドすることにより、受講生間に交流も生まれ、社交的なスポーツであることと安全確保の重要性も実感させられる。そして、何よりもゴルフの精神（「ゴルフ規則」第1章 エチケット）を身をもって学ばせたい。
　韓国ではシミュレーション・ゴルフが盛んだ。ゴルフ・ブームに沸く韓国だが、ゴルフコース数は日本の1/10程である。ラウンドの予約が取れないので、日本まで来てプレーするくらいである。そのため、シミュレーション・ゴルフが人気で、その技術開発が進んだ。日本に導入されている機械のほとんどは韓国製である。「必要は発明の母」ということわざの通りである。そのシミュレーション・ゴルフで、コースの感じやクラブ選択などの戦略などになれた後、実際にコースに出る人たちがいるが、マナーの悪さが問題になっているという。同伴者

や他のプレーヤーに対する心配りがシミュレーション・ゴルフでは学べないからであろう。頭で理解しているだけでは不十分で、プレーの経験を積み重ねる必要がある。ゴルフの授業でもゴルフの神髄や醍醐味を学べるのはラウンドである。そして、プレー中、失敗しても悪態をついたりせずに楽しむことや気落ちしている同伴者に優しい声をかけたり、励ましたりすることを学ばせることも重要である。

　しかし、大学の事情でコースラウンドに行けない場合もあるだろう。そういう場合や行く前の練習としてミニゴルフを行うことは有益である。グラウンドだけでなく体育館でも実習できるので、教員が１人であっても目が行き届く。したがって、何かがあればすぐ指導できる。

２．何を選ぶか：ミニゴルフの比較

　現在、ミニゴルフは多種類ある。主なものを表１に示した。この中で、大学で行うのに最もふさわしいのがターゲットバードゴルフである。他のものは専用のクラブを必要とするが、ターゲットバードゴルフは通常のゴルフクラブを使用できるので、同じ感覚でショットできる。特に、アプローチの練習になる。また、経費が最もかからない点でも優れている。図１が用具一式で、人工芝のショットマットと羽根のついたプラスティック・ボール、雨傘を逆さにしたようなホールである。ショットマットを使用するので体育館内でも行える。

　なお、大学の近隣にミニゴルフ場が整備されているのなら、そこを利用する方法もあろう。学生が自主的に利用することも期待できるからである。

第3章　大学ゴルフ授業に役立つ教具・教材

表1．ミニゴルフの比較

	グラウンド・ゴルフ	パークゴルフ	ターゲットバード・ゴルフ	スナッグゴルフ
発祥年 発祥地	1982年 鳥取県	1983年 北海道幕別町	1985年 埼玉県川口市	2001年 米国
用具	専用のクラブ、ボール、ホールポスト、スタートマット	クラブとボールとティの3点。クラブヘッドは、木質で、重量600g以下。ボールはプラスチック製で、直径6cm、重量80〜95g。ティは、ゴム又は軟質な物、高さ2.3cm以下。	プラスチック製のボールにバドミントンの羽をつけたボール。クラブは一般ゴルフ用ウェッジクラブ。人工芝のショットマット。ホールには傘を逆にした形の直径110cmの「アドバンテージホール」と、地面に約86cmの輪を置いた「セカンドホール」からなっている。	プラスチック製の2種類のクラブ(ショット用とパター)。ボールはテニスボールに似たゴムとフェルトでできたボール。ランチパッド(ボールを打つ際に下敷きとして用いるゴム製のマット)。スナッグフラッグ(ボールをくっつけるターゲット)
特徴	会員19万人(2015年)。日本グラウンド・ゴルフ協会。	コース数は国内1,239、国外64(2013年)で、会員は125万人(2013年)。日本パークゴルフ協会。	愛好者10万人(2008年)。全日本ターゲット・バードゴルフ協会。日本ターゲット・バードゴルフ協会。	アメリカとスコットランドではゴルフの入門として、児童向けに行われている。日本スナッグゴルフ協会。

図1．用具一例

3．方法
(1) 準備
　まず、グラウンドあるいは体育館にコースを設定する。グラウンドであればラインを引き、体育館であれば既存のラインを利用するか、テープを貼る。一例を図2に示す。このコースレイアウト図はスコアカードとともに学生に配布する。

図2．簡易コースの一例（文教大学）

　スコアカードには簡単なルールも記し、プレーが円滑に進行できるようにする。ドラコンやニアピンのコンテストもする場合は、記録する旗も用意する。

(2) 実施
　限られた時間内で行うために、ラウンドはショットガン方式で行う。

第3章　大学ゴルフ授業に役立つ教具・教材

つまり、すべての組が順に1番ホールからスタートするのではなく、図の場合だと5番ホールからスタートした組は、6番→1番→2番・・・とラウンドし、4番で終了するという方法である。一組ずつ順番にスタートするのではなく、どのホールも一斉にスタートさせるので、ショットガン方式と呼ばれている。なお、各ホールの最終組はホールなどを撤収させると片付けの時間が短縮できる。

　ラウンドは授業期間中の中間と後半の2回実施するのが望ましい。1回目は、ショット練習に飽きてきた頃にプレーのイメージづくりをさせモチベーションを高めるためであり、後半はラウンドへの導入のためである。また、近隣のミニゴルフやショートコースの紹介を行い、授業外での体験を勧めることも有益である。

(3)評価

　観点別に評価を整理すると表2のようになろう。評価方法としては、観察や感想文などである。今後はルーブリック（評価基準）の開発に取り組みたいと思っている。

表2　コースラウンドの評価内容

評価の観点	視点
知識・理解・思考・判断	ルールを理解しているか 安全確保の方法を理解しているか コースの状況を理解し、適切な方略を立てられるか
関心・意欲・態度	ルールを理解しようとしているか 同伴者へ配慮しているか 受講生と協力し、プレイを楽しもうとしているか 安全確保に努めているか

（小林勝法）

5．ゴルフスイング体操

１．体育の授業の一環としてのゴルフ

　大学での授業におけるゴルフ実技は、受講生たちの健康や体力向上を目的とする体育授業の一環である。また受講生の多くはゴルフ未経験者であることが報告されており、授業の実施場所としては簡易的なフィールドでおこなわれるケースも多いと聞く。

　これらのことを鑑みて、この章では、立って動けるスペースさえあればどこででもできるゴルフスイングの基本動作を習得するための体操を紹介する。打球練習前のウォームアップとしても活用できる体操である。

２．ゴルフスイングの体の動きを構成する体操

（1）上肢の体操…１

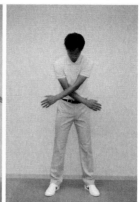

　両足の幅を少し開いて、真っ直ぐに立つ（写真・左）。
深呼吸をする要領で息を吸いこみ、両腕を横に開く（写真・中央）。

第3章 大学ゴルフ授業に役立つ教具・教材

息を吸うと肩甲骨は背骨側に寄り（内転）、両手のひらは自然に前を向く。
深呼吸で息を吐く要領で胸を閉じる（写真・右）。
息を吐くと肩甲骨は背骨から離れ（外転）、両手の甲が自然に前を向く。

(1) 上肢の体操…2

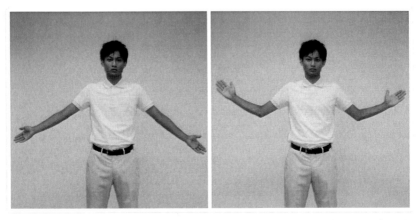

深呼吸で息を吸った位置から（写真・左）、肘を曲げる（写真・右）

(1) 上肢の体操…3

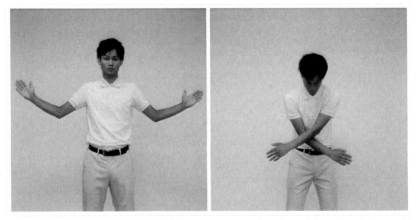

肘を曲げた（肘関節の屈曲）位置から（写真・左）、深呼吸の要領

で息を吐く（写真・右）
　一般的にフェースローテーションやリストターンと呼ばれる動きは、これを左右交互におこなう動きのことである。
スイングプレーンと呼ばれるクラブヘッドの円運動を構成する際の上肢の動きも、この動きによって構成される。

(2)体幹

　両手を前で組んで動かさないようにし、仙骨から順に脊柱を右に捻じる（写真・左）。左にも捻じる（写真・右）。
　脊柱を捻じると同時に両手の位置が動いてしまわないように気をつけること。この動きが骨盤の水平回旋である。股関節の内旋・外旋と混同しないよう注意。

(3)下肢

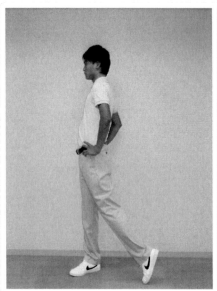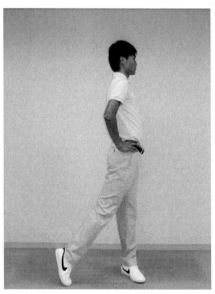

　両手を腰にあてて骨盤が右を向くように下肢を捻じる（写真・左）。左に向くように下肢を捻じる（写真・右）。
　ゴルフスイングをおこなう際、右利きの場合、骨盤を右に向ける動作は不要であるが、体の歪みを解消するためにもおこなっておくと良い。

5．ゴルフスイング体操

(4)ゴルフスイング動作の完成

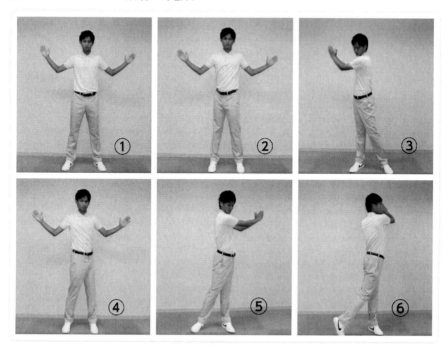

　前額面の位置に両手を開き（写真・①）、右に骨盤の水平回旋（写真・②）。脊柱の回旋と息を吐く動作で左手を右手の位置へ（写真・③）。両手を前額面の位置に戻し左に骨盤の水平回旋（写真・④）。脊柱の回旋と息を吐く動作で右手を左手の位置へ（写真・⑤）。骨盤を左に向ける動きに右脚を捻じる動作を加える（写真・⑥）。
＊左利きの場合は、左から右への動作でおこなう。

3．**用具使用例**
　(4)のゴルフスイング動作の完成の練習は、次ページ写真のようなバトミントンのラケットなどを用いておこなうのも良い。体操と実際のスイングとの中間に位置する練習となる。片手で用具を振る練習になるため、手に持つものは軽量のものを推奨する。

第 3 章　大学ゴルフ授業に役立つ教具・教材

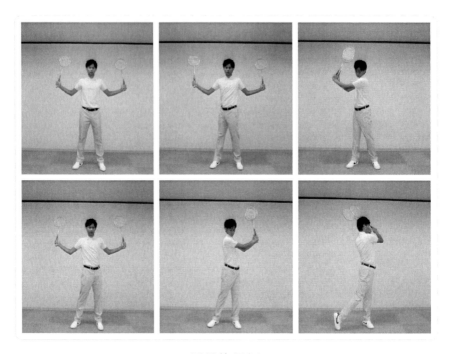

用具使用例

しゃもじのような軽量のもの　　　ゴルフクラブを逆さに持つ

5．ゴルフスイング体操

4．ゴルフスイングの一連の動き

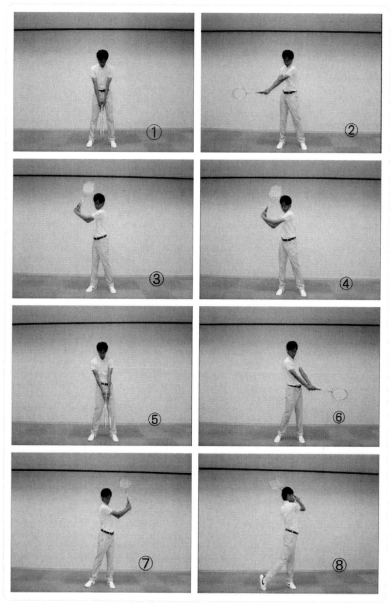

ゴルフスイングの一連の動作

アドレス（写真・①）。テイクバック〜バックスイング（写真・②）。トップオブスイング（写真・③）。ダウンスイング・切り返し（写真・④）。インパクト（写真・⑤）。フォロースルー（写真⑥・⑦）。フィニッシュ（写真・⑧）

５．ゴルフスイング体操による指導の実践

　ここまでの練習をおこなった後、実際にクラブを持ってボールを打つ段階に入ると、ボールポジションが整うようにセットアップの手順（ルーティン）を指導する。

　ゴルフスイング体操練習後に必要となる練習は、素振りとセットアップの手順を覚えて正しくできるようになること。

　体操が上手におこなえるようになればなるほどスイングもスムーズになり、クラブの動かし方や通り道のことは特に指導しなくてもスイング軌道やスイングプレーンは徐々に出来上がる。

６．まとめ

　大学でのゴルフ実技の授業は、経験論や感覚的表現の指導ではなく、安全性考慮の面からも、人体の仕組み（機能解剖学）に基づいた指導であることが望ましい。

　この章で紹介した体操は、ゴルフスイングの体の動きを構成する体操である。この体操を指導に導入した場合としなかった場合を単純に比較することはできないが、ゴルフスイング動作の習得において受講生の上達の進捗具合は早いと感じられる。

　受講生たちからの感想を聞いていても「良いイメージトレーニングになると感じた」「ゴルフスイングの動きがよく分かった」「ボールが真っ直ぐに飛ぶようになった」「飛距離が伸びた」との声は多い。また「身体がすっきりした」「肩こりが緩和した」「日頃使わない筋肉が伸ばされて気持ちよかった」との声もある。

　これらのことから、このゴルフスイング体操は、ゴルフ練習の安全

性や効率性を高めるものとしては勿論、運動不足解消や健康維持の軽運動としても活用できると思える。

　『ゴルフ実技』を大学での体育授業の一環として実施するに相応しいものにするは、機能解剖学用語も少し用いながら、こういった体操を授業内容に組み込むと良いのではないかと考える。

（松村公美子）

【実演者】

仲山　慧

引用・参考文献

１. 松村公美子 (2013) ゴルフスイング体操(DVD ブック)、株式会社ベースボール・マガジン社

＊ゴルフスイング体操は商標登録をしています。（登録第 5789851 号）

第3章　大学ゴルフ授業に役立つ教具・教材

6. アプローチコンテスト

1. はじめに

　多くの大学において「ゴルフ」は体育授業に取り入れられているが、大学体育授業の場合、簡易的なフィールドや用具で実施されている授業が多い。例えば、『移動式ケージへのショット練習が中心の大学』、『学内のゴルフ専用練習場を使用して行われる大学』、『グラウンドやテニスコートで軽量ボール使用した打ちっぱなしを中心に行う大学』、『学外のゴルフ場で実際にコースラウンドさせる大学』、『教員がグラウンド等に簡易コースを設定しラウンドさせる大学』など、授業形態は大学によって様々である。このような対応は、大学体育授業でよく実施されている、サッカー、テニス、バスケットボール、ソフトボール、バレーボール、卓球など、他のボールゲームでは考えにくい。教具や教場環境の異なる複数の大学におけるゴルフ授業調査では、教具や教場の影響は、学習効果やその後の継続意欲へも影響を及ぼすことも示されている（北徹朗ら，2013）。このように、「大学におけるゴルフの授業づくり」は他の種目に比べ特殊性が高く、大学の置かれた環境を考慮したより一層の授業展開の工夫が求められており、2012年には『大学ゴルフ授業研究会』も設立されている。大学体育100号では、iPad2を使用したゴルフ授業事例を紹介したが、本稿では「アプローチ」の単元において受講生にも好評な授業実践の一例を紹介する。

2. 対象の授業

　　対象大学：武蔵野美術大学
　　科目名称：健康と身体運動文化（ゴルフ）
　　授業場所：グラウンド

開講形態：選択科目

受講者数：定員 30 名

担当教員：北　徹朗

授業スケジュール：（下表）

	授業内容
第1回	オリエンテーション、ゴルフクラブの種類と特徴
第2回	グリップ、スタンス、アドレス、スウィングの基本
第3回	ショートアイアン
第4回	ショートアイアン練習、ショートゲーム①
第5回	アプローチ
第6回	ミドルアイアン
第7回	ショート＆ミドルアイアン練習、ショートゲーム②
第8回	ロングアイアン、ウッドに挑戦
第9回	様々なクラブを使い分ける
第10回	コースラウンドの実際とゴルフマナー
第11回	コースラウンド
第12回	コースラウンド
第13回	コースラウンド、授業のまとめ

授業展開方法の概略：教員の説明と示範やアドバイスのほかに、iPad を使用したペア学習やグループ学習、実技または理論に関するホームワークなども併用し授業を構成している。

3．教場・教具と受講者の隊形

　本授業の教場はグラウンド（総合グラウンド）である。そのため、飛距離を抑えるためにプラスティックボール（ライト社製／オレンジ・イエロー・ホワイト）を使用している。クラブは通常のゴルフクラブを使用している。授業では、仕切りネットとマットのセッティングによる「打席づくり」から始め学生は等間隔に横一列（写真）に並ばせる。

第3章　大学ゴルフ授業に役立つ教具・教材

写真．打席のセッティング

4．「アプローチ」の単元に取り組むにあたり

　アプローチショットはフルショットとは異なるスイングであり、力加減やフォームも重要になる。所謂「打ちっぱなし練習」が中心課題になってくると、受講者も気持ちよくフルスイングしたがる傾向があり、どうしても「飛ばし」が主になりがちである。アプローチ技術はゴルフを楽しむためには身に付けておくべき不可欠な技術であるため、数十人の受講者がじっくり時間を割いて楽しく練習できる雰囲気をつくるための授業展開の工夫も必要になってくる。以下、著者が行っている屋内および屋内（主に雨天時）での実践事例を紹介する。

5．屋外（グラウンド）でのアプローチコンテスト

　グループ学習の一環として、アプローチ単元の中で「アプローチコンテスト」を行っている。土のグラウンドの場合、ホワイトパウダーで3本のラインと直径約5メートルの円を描き（図1）、1メートル程度のショートアプローチから10メートル程度のターゲットを狙う（プラスティックボール使用の場合）やや長いアプローチ成功回数を競うゲームを取り入れている（図2～図3）。人工芝グラウンドの場合は、人工芝用のラインテープを用いて授業を展開している（図4）。

6．アプローチコンテスト

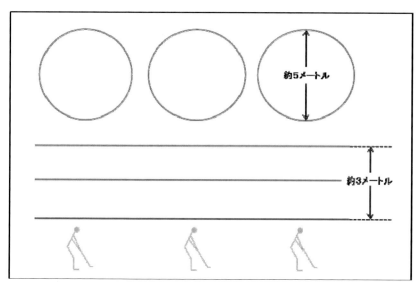

図1．屋外実践方法の模式図

図2．屋外実践事例（1）

第3章　大学ゴルフ授業に役立つ教具・教材

図3．屋外実践事例（2）

図4．屋外実践事例（3）

6．屋内でのアプローチコンテスト

　雨天時等グラウンドでの授業が困難な場合、屋内教場を利用して実技を行っている。屋内では極めて狭いスペースでの授業展開になるため、ボールは穴あきプラスティックボール（ライト株式会社製）を利用するが、クラブは屋外授業時と同様のものを使用している。屋内など狭いスペースでも練習可能なアプローチ練習用のネットも市販されている（2000円〜5000円程度）が、著者の授業ではダンボールや板、紙パックやペットボトルといった「廃材」や「身近な素材」を利用してオリジナルの教具を作成し屋内授業時に利用している。飛距離（yards）は床からの高さで予測し示している。図5のように、ペットボトルや紙パックを利用した自作教具を使用し、屋外授業時と同様にペアおよびグループによるアプローチコンテストとして成功回数を競うゲームを取り入れている。

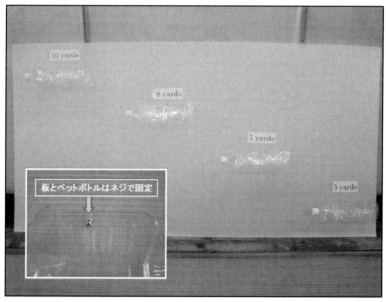

図5．屋内アプローチ教具（ペットボトル版）

（北　徹朗）

第3章　大学ゴルフ授業に役立つ教具・教材

引用・参考資料

1．北徹朗・山本唯博（2013）ゴルフ授業における教場環境の違いが
　　学習効果とゴルフ継続意欲に及ぼす影響―同一教員が担当した5
　　大学における考察―、大学体育学第 10 号、pp.61-70
2．大学ゴルフ授業研究会、http://daigaku-golf-class.jimdo.com/
3．北徹朗（2012）大学体育授業における ICT 活用授業の事例―iPad2
　　を利用したゴルフ授業―、大学体育 100 号、pp.147-150
4．北徹朗（2014）楽しいゴルフ授業づくりのテクニック　―アプロー
　　チ指導の一例―、大学体育 103 号、pp.119-120

7. チェックシートを用いたグループ学習

　大学でゴルフ授業を受講する殆どの学生は、初めてクラブを握る。大学体育の教材とされることが多い、チームスポーツやラケットスポーツでは集団的指導が多いが、ゴルフの場合、個別のインタラクションが導入段階ではかなり重要である。しかしながら、個別指導を繰り返すことは、時間的な問題から難しい場合もある。

　筆者は、授業前半の段階において、グループ学習を導入することにより、学生のスウィング技術が著しく向上すると感じてきた。ここでは、ショットとアプローチ指導の際に用いている、グループ学習用のチェックポイント項目を紹介する。受講学生は各グループでこれらのチェックポイントに示された動作が上手く行えているか、上手くできていない場合の理由や改善方法は何か、などをアドバイスし合う。スマホやタブレットを利用して動画を撮影し、動作をする本人も含めての確認もさせている。

1．ショットにおける 10 のチェックポイント
　①肩・腰・膝・スタンスのラインが飛球線と平行になっているか？
　②膝が伸びきっていないか？（リラックスする程度の曲がり）
　③左右の足の体重配分（5：5）は適切か？
　④7 時の位置まではグリップエンドはヘソを指しているか？
　⑤太ももあたりの位置から、手首を上に向かって曲げる「コック」をしているか？
　⑥左ひじは曲がっていないか？
　⑦左手が水平になったところで、手首の角度が 90 度になっているか？

第3章　大学ゴルフ授業に役立つ教具・教材

⑧膝が右のほうへ流れていないか？

⑨スイング中、頭はアドレス時と同じ位置にあるか？（頭が動いていないか）

⑩フィニッシュで左足一本に体重が乗っているか？（バランスが崩れていないか）

2．アプローチにおける 12 のチェックポイント

①スタンス幅は自分の足幅（1 足分が入るくらい）程度になっているか？

②目標に対してややオープンぎみにスタンスがとられているか

③両足のほぼ中央にボールが置かれているか？

④7：3 くらいの体重配分（前足荷重）イメージをキープしながら打てているか？（体重移動はあまりしない）

⑤頭を右にも左にも傾けず、ボールの真上から見るように構えているか？

⑥構えた時のグリップは前足の太ももの前にあるか？

⑦左手が水平になったところで、手首の角度が 90 度になっているか？

⑧手首を柔らかく使って、目標方向ではなく「スタンス方向」に振り抜いているか？

⑨両腕と肩を結ぶ三角形を崩さないようにスウィングしているか？

⑩スウィング中、右手の角度をキープできているか？右手のひらを目標に向かって出していく。（左打ちの場合は左手）

⑪フォロースルーでフェースが自分の顔を向いているか？（特に長いアプローチの場合）

⑫ボールを上げようとして、軸が後ろ足に傾いていないか？

7．チェックシートを用いたグループ学習

スイングづくりのためのグループ学習

（北　徹朗）

第3章 大学ゴルフ授業に役立つ教具・教材

8. 大学ゴルフ授業における ICT 利用のテクニック

1. ICT を利用した体育授業

　ICT を利用した体育授業は大学以外の学校期でも一般的になりつつあり、システムの進化も著しい。これまで著者らは ICT を利用した授業における実態調査や教育方法について報告してきた。近年では、自らの運動動作映像の評価をホームワークとして提示する試みを実践しその効果を報告した。

　また、体育授業において、タブレット端末等を授業内に利活用する授業形態は一般的になりつつあるものの「体育実技」における反転授業の実践報告は、大学以外の学校期においても見当たらなかったことから大学の体育実技授業において反転授業を試み、その課題と可能性について検討した。

タブレットを利用した授業

8. 大学ゴルフ授業における ICT 利用のテクニック

ホワイトボードペンでの指示

　近年、スポーツ指導の現場においては、ドローン（小型無人飛行機）を用いたチーム強化も行われている。例えば、ラグビー日本代表チームでは、ワールドカップに向けた強化合宿において 2015 年 4 月からドローンを用いて上空から選手の動きを撮影し、ポジションの取り方やスペースがどこにあったかなどのフィードバックや、スキルアップに役立てられている。ドローンを利用した、上空からの映像を用いてチームの動きの評価は、サッカーやバスケットボール等々、他の多くのスポーツでも有用であると思われる。また、体育授業における戦術学習での利用や、運動動作の評価やフィードバックにも活用できる可能性もある。

　そこで本報告では、著者らが 2014 年度に導入し、2015 年度の授業より運用を開始した、ドローンを用いての頭上から撮影した動画を用いた授業実践のトライアルの概要について報告する。

体育実技に使用可能なドローンの選定基準

第3章　大学ゴルフ授業に役立つ教具・教材

　今日、様々なタイプのドローンが市販されているが、大半のものは真正面のみの撮影機能（バードビュータイプ）であった。しかしながら、スポーツにおける動作やチームの動きを評価する観点からは、【①真下を撮影することが可能なタイプ】であることがまずは必須である。また、一度浮上させたドローンがそのまま【②上空で静止し安定的にホバリングできるタイプ】のものであることが授業での利用の際には不可欠である。さらに、【③手元で撮影中の動画を確認できるモニター付きタイプ】のものが望ましい。これらの条件に合致した機種を検索した結果、その条件を満たしていた、DJI Phantom 2 Vision plus を授業に導入することにした。

授業で使用しているドローン（DJI ホームページより）

2．ゴルフ授業での使用事例

　本稿では、多くの大学において教材として採用されている「ゴルフ」授業における、スウィング学習の一部に導入した様子を紹介する。従来、著者の授業において実施している、前方および後方から見たスウィングの動作の即時フィードバック（ゴルフシュミレーション PC 利用）

8. 大学ゴルフ授業における ICT 利用のテクニック

に加え、今回新たにドローンから送信された空撮動画を手元のモニター（Wi-Fi で接続、iPod touch または iPad で受信）で確認させることによるフィードバックを実施している。また、その動画を用いたホームワークも実践している。

　ICT を利用した体育授業は、近年大学以外の学校期でも一般的になりつつあるが、天井カメラなどの特殊な環境が無い限りは、上から見た運動動作やチームの動きを評価することは困難である。今回の試行的実践により、ドローンを用いれば上方からの映像を容易に教育に生かせることが確認された。今回の実践では、ゴルフの授業実践に試行的にとり入れ、スタンスや頭の位置、肩や腰の回転のタイミングなどの指導に利用したが、ベースボール型における脚の踏み出しやバットスウィング、サッカーやバスケットボールにおけるチームの動きの教育にも役立てられることが期待される。

正面、後方、頭上から撮影しフィードバック

第3章　大学ゴルフ授業に役立つ教具・教材

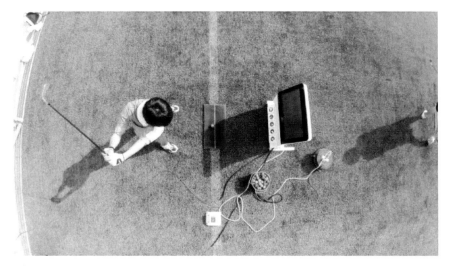

頭上からの画像の一例

撮影された映像は地上のモニターに送られる

8．大学ゴルフ授業における ICT 利用のテクニック

　授業の導入における、動き作りの学習段階では、動画を利用した「反転授業（予習）」、「ホームワーク（復習）」に加えて、「授業内での即時フィードバックによる学習」をさせている。即時フィードバックの際には、シミュレーション PC による正面・後方からの動作確認に加え、ドローンから送られる動画を iPod や iPad（受信可能機種は限定される）で受信、そのデータを iPad to HDMI ケーブルで大型モニターに接続し、屋外において頭上からの動作学習を行う。受講者にはチェックシートやチェックノートを配布し、教員による直接指導と共に、受講者同士のペア学習、グループ学習として能動的な学習となるよう心掛けている。

iPad to HDMI ケーブルで大型モニターに接続

3．注意が必要な点

　今回使用した機種は、最高飛行速度は 15m/秒、時速換算で 54km、最高上昇・下降速度は 6m/秒・3m/秒、
飛行時間は最大 25 分、飛行距離は最大 15km、無線操作範囲は最大 700m とされている。また、操作範囲外へ出た際に自動で離陸地点へ戻る機能などを有しているが、安全のために風の強い日や雨の日の使用

第3章　大学ゴルフ授業に役立つ教具・教材

は避けなければならない。また、フル充電の状態でも 25 分しか飛行できないため、授業のどこで使用するのかを考慮し、教育効果の高い授業案作成を心がけなければならない。

　また、2015 年 12 月に、ドローンなど無人航空機の飛行を規制する改正航空法が施行されている。飛行許可申請に関しては、国土交通省のホームページで確認できる。

（北　徹朗）

引用・参考文献

1．北徹朗ら（2010）大学ソフトボール授業に適した視聴覚教材に関する調査、大学体育学第 10 号、pp.77-86

2．北徹朗（2012）大学体育授業における ICT 活用授業の事例－iPad2 を利用したゴルフ授業－、大学体育 100 号、pp.147-150

3．北徹朗ら（2011）ベースボール型体育授業における家庭学習教材開発の試み、大学体育学第 8 号、pp.37-42

4．北徹朗ら（2013）大学体育授業におけるホームワークの試行と効果―バスケットボール授業について―、体育研究第 46 号, pp.17-20

5．北徹朗ら（2014）大学ゴルフ授業におけるホームワークの試み、体育研究（中央大学）　第 48 号、pp.11-17

6．北徹朗、森正明（2015）大学体育における反転授業の試行と課題－ベースボール型実技における実践研究－、中央大学保健体育研究所紀要第 33 号

7．朝日新聞デジタルラグビー日本代表、練習にドローン導入　空撮で動き確認 2015 年 4 月 15 日
http://www.asahi.com/articles/ASH494QGDH49UTQP01F.html
（2015 年 4 月 29 日確認）

8．北徹朗、森正明（2015）ドローンを利用した ICT 利用授業の展望－ゴルフ授業における試行的実践－、大学体育　105 号、pp.169-170

9. L字アングルを利用したスイング指導

1．教具使用の目的
　いわゆる腰の開きや腰の回転のタイミングが早いため、ストレートボールを打てない受講生は多い。この点について、荷重の意識など様々な指導方法があると思われるが、こうした場合に有用と思われる練習法を、市販の「L字アングル」を利用して実践し、研究会当日においても「授業アイディア提案Ⅱ」において参加者に評価を求めた。なお、このアイディアは、野球での実践例として、筑波大学の川村卓准教授が実践している方法をゴルフ授業に導入を試みようとしたものである。

2．教具の実践方法
　L字アングルを使用することによって、足の裏が強制的に斜めになり内転筋が絞られた状態になる。（図1）（図2）

図1

第3章　大学ゴルフ授業に役立つ教具・教材

図2

3．教具の実践と検討結果

　野球において L 字アングルを使うことによって、川村氏は「スムーズの腰の回転」や「楽にボールが飛んでいくように感じられる」としているが、ゴルフにおいても同様の効果があることが確認された。つまり、ボールに効率よく力が伝えるための器具としての有用性が確認された。指導の用途によって、両足／片足の選択をすることや、L字アングルを置く角度にバリエーションを加えることも出来るだろう。（図3）

9．L字アングルを利用したスイング指導

図3

（北　徹朗）

引用・参考文献
1．川村卓監修(2014)バッティングの科学、洋泉社 MOOK、pp.102-103
2．北徹朗（2015）内転筋を活用して腰が開くのを防止するための教具と実践法、ゴルフ教育研究 Vol.1、No.1、p.22

第3章　大学ゴルフ授業に役立つ教具・教材

10. 課外教育プログラムの事例

　大学ゴルフ授業研究会の調査によれば、延べ約 580 以上の大学体育授業でゴルフは教材とされているが、そのうちゴルフ場を利用した授業は約 50 程度に過ぎない。つまり、殆どの授業は、学内の教場（練習場、グラウンド、体育館など）を利用し、スイング作りの学習を中心とした内容となっている。おそらく、多くのゴルフ授業担当教員は、授業終盤に上達が見られる学生をコースに連れて行ってやりたいと感じていることだろう。そのためには、正課授業に接続できる課外教育プログラムの設定が必要となる。

　大学ゴルフ授業研究会の世話人会のメンバーを中心に「G ちゃれ」という課外授業プログラムを実施している。授業終盤になると、学生から「本物のゴルフ場でプレーしてみたい！」とか、「カートに乗ってラウンドしてみたい！」という声が多く聞かれる。この課外教育プログラムは、費用負担や受け入れ態勢の点からも、ゴルフ業界団体の支援が無ければ企画しても参加者を集めることは難しい。

　G ちゃれの G とはゴルフに関わるあらゆる用語の頭文字のイメージ（Golf、Green、Gentleman、Grass、Grace、Good Golfer・・等々）をしたものである。この課外授業プログラムの主な目的は、授業で学んだ知識や技術を実際の現場で実践してみることである。大学体育におけるあらゆるスポーツの中で、正式なルールに則ったゲームを経験することができないのは、おそらくゴルフしかない。この点からも、正課（体育授業）と課外（コースラウンド）を接続する『コースデビュープログラム』は重要である。

98

１０．課外教育プログラムの事例

　毎学期、写真１および２に示した様なポスターとチラシを作成（武蔵野美術大学教務補助員　関根亮氏デザイン）し、各大学のゴルフ授業履修者に配布し参加を募っている。

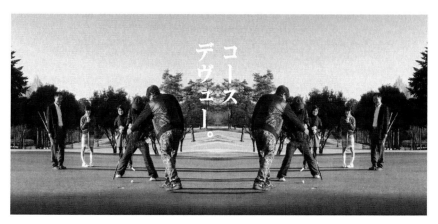

写真１．Ｇちゃれの告知ポスター①

99

第3章 大学ゴルフ授業に役立つ教具・教材

写真2．Gちゃれの告知ポスター②

１０．課外教育プログラムの事例

写真３．第２回Ｇちゃれ（2016年１月）の様子

（北　徹朗）

第3章　大学ゴルフ授業に役立つ教具・教材

第4章
ゴルフ授業に関する文献レビュー

第4章　ゴルフ授業に関する文献レビュー

１．調査概要
　ゴルフ授業に関連する文献をまとめ、授業への取り組みの参考になることを目的として、文献レビューを行った。

(1) 文献検索方法
　論文検索システムとして主に使用されている「CiNii」を使用した。また、特に大学ゴルフ授業に関連すると思われる大学ゴルフ授業研究会発行の「ゴルフ教育研究」に掲載されている内容も含めることとした。検索は、2015年9月15日現在に掲載されていた内容とした。

(2) 検索キーワード
　論文検索には「ゴルフ」「授業」の2つのキーワードを使用し、2つのキーワードが含まれる論文を該当論文とした。

(3) 論文抽出方法
　キーワードによる検索結果より、論文タイトルや内容を確認の上、ゴルフの授業実践や指導に関する内容で学会誌や紀要に掲載された文献を抽出することとした。

２．調査結果
(1) 抽出論文の概要について
　上記の方法にて、論文検索ならびに抽出を行った結果、47編の文献を抽出した。論文は、1989年から2015年に執筆された論文であり、1999年までの論文が14編、2000年以降が33編であった。

　論文の中には高等教育機関に限らず、高等学校での授業実践を取りあげた物も含まれている。それは、高等学校の学習指導要領（但し、体育専門課程）において、「スポーツⅡ」という科目の中に、ゴール型球技・ネット型球技・ベースボール型球技に加え、「ターゲット型球技」としてゴルフという記述がされているためである。高等学校でのゴルフ授業が実施されることで大学でのゴルフ授業でも継続化し、より生涯スポーツとしての発展も期待できる。

　また、種目としてのゴルフのみでなく、「スナッグゴルフ」との記載

104

論文も含めた。ゴルフの授業内においてシラバスに記載されていることもあるが、学内の条件によってはスナッグゴルフなどのように応用した形での展開も普及につながる要因として考えられる。

(2)各論文タイトルや結論としての内容について

各論文のタイトルや結論として示されていた内容を概観すると、以下のような内容にまとめることができる。

①ゴルフ授業の感想やイメージの変化

授業後に実施するアンケートの結果により、ゴルフのイメージや授業の感想に関する内容をとりあげている論文がもっとも多く抽出された。具体的には、ゴルフを楽しいと感じている結果や今後も継続したいという意識を持っていること明らかにしており、受講者として初心者が多いゴルフ授業において、ゴルフが身近に感じられる結果を示す内容が多く挙げられていた。さらに、ゴルフ授業を履修することによって、ゴルフが生涯スポーツとしての意識づけにつながるという指摘もされている。

②ルールやエチケットの指導とラウンドの必要性

授業の実施方法として、ゴルフの技術指導のみならず、ラウンドの際のルールに関する知識やエチケットの伝達も重要な授業内容であると位置づけている。その結果、最終的にはゴルフ場での集中授業などでのラウンドやショートコースの設置によるラウンド体験までを含める必要性を指摘している論文もある。

③技術の効果的な習得のための実践例

授業の実践方法としては、初心者も多くいる授業であることから、アプローチショットなど基礎技術習得のための実践内容の紹介を行っている論文がある。また、技術習得のためのフィードバックの教示法として、視覚教材として映像を用いる方法も取り上げられている。映像を用いることで、受講者が自分のスイングを客観視し、具体的な改善点を把握しやすいために技術習得に効果的であるという実践例である。

以下、抽出論文の一覧を記載する。記載順は、著者名ならびに発行年が新しい順となっている。

第4章　ゴルフ授業に関する文献レビュー

	著者名	発行年	タイトル		
			誌名	巻号	ページ数
1	石﨑聡之ほか	2013	ゴルフ初心者を対象とした夏期実習時の生体負担度に関する研究		
			大学体育学	10(1)	53-60
2	池上久子ほか	2011	コースラウンドを伴うゴルフ授業におけるスイング技術の自己評価		
			大学体育学	8(1)	25-35
3	池上久子ほか	2008	コースラウンドを目指したゴルフ授業の取り組み－生涯スポーツにつなげるために		
			大学保健体育研究	28	11-16
4	伊藤文雄	2001	ゴルフ授業に対する学生の評価		
			スポーツ科学・健康科学研究	4	1-6
5	板谷　昭彦	1999	授業におけるゴルフ指導法の研究		
			園田学園女子大学論文集	34(II)	13-20
6	伊藤文雄	1999	ゴルフに対する意識調査－関西学院大学・武庫川女子大学について		
			関西学院大学スポーツ科学・健康科学研究	2	9-15
7	石倉忠夫ほか	1998	大学体育ゴルフ実技時における視覚教材が技能習得に及ぼす効果と授業の取り組みに対する自己評価		
			名古屋経済大学・市邨学園短期大学自然科学研究会会誌	33(1)	33-43
8	伊藤文雄	1998	ゴルフ授業の実態調査：関西学院大学について		
			スポーツ科学・健康科学研究	1	19-24

	著者名	発行年	タイトル		
			誌名	巻号	ページ数
9	大串 哲朗	1998	授業研究「ゴルフ」		
			上智大学体育	31	27-42
10	青木清隆	1996	中央大学におけるゴルフ授業の現状について：経済学部の展開を中心として(授業の実例)		
			大学体育	22(3)	78-83
11	安部孝	1993	大学体育実技ゴルフ授業における簡易スキルテストの再現性およびパフォーマンスとの関係		
			体育学紀要	27	39-43
12	安部孝	1992	大学体育実技ゴルフ授業における簡易スキルテストの試案		
			体育学紀要	26	85-88
13	大澤啓蔵	1991	大学ゴルフ授業履修者の実態調査：ゴルフ経験、履修動機、関心度、授業の感想(亜細亜学園創立50周年記念号)		
			亜細亜大学教養部紀要	43	262-249
14	北徹朗	2015	内転筋を活用して腰が開くのを防止するための教具と実践法		
			ゴルフ教育研究	1 (1)	22
15	北徹朗	2014	楽しいゴルフ授業づくりのテクニック－アプローチ指導の一例－		
			大学体育	103	50-51
16	北徹朗ほか	2014	大学ゴルフ授業におけるホームワークの試み		
			体育研究（中央大学）	48	11-17

第4章　ゴルフ授業に関する文献レビュー

	著者名	発行年	タイトル		
			誌名	巻号	ページ数
17	北徹朗 ほか	2013	ゴルフ授業における教場環境の違いが学習効果とゴルフ継続意欲に及ぼす影響：同一教員が担当した5大学における考察		
			大学体育学	10 (1)	61-70
18	北徹朗	2012	大学体育授業における ICT 活用授業の事例－iPad2 を利用したゴルフ授業－		
			大学体育	100	147-150
19	北徹朗 ほか	2010	本学[中央大学]商学部におけるゴルフ授業履修学生の実態調査		
			体育研究	44	21-26
20	三幣晴三 ほか	2010	日本における大学ゴルフ授業の実施状況に関する調査研究		
			駒澤大学総合教育研究部紀要	4	445-464
21	坂本和丈	2006	ゴルフ授業におけるロブショットスキルの習得と認知的方略の関係について		
			教育学研究紀要	52(2)	627-632
22	坂本和丈	2003	ゴルフスキル習得におけるショートアプローチの正確性と方略に関する研究		
			教育学研究紀要	49 (2)	702 -707
23	坂本和丈	1998	体育授業におけるゴルフスキルの習得について		
			教育学研究紀要	44(2)	316-321
24	杉山佳生	1997	ゴルフの授業におけるビジビリティと心理状態・行動との関係		
			学術研究紀要	17	57-64

	著者名	発行年	タイトル		
			誌名	巻号	ページ数
25	佐渡清隆	1996	大学教育としての体育 第3報 ： 北星学園大学 正課体育実技 「ゴルフ」の授業		
			北星学園大学文学部北星論集	33	119-136
26	髙橋宗良ほか	2015	大学ゴルフ授業の到達目標－中国地方の大学シラバスによる検討－		
			ゴルフ教育研究	1（1）	2-8
27	田原亮二ほか	2013	第 1 回 大学体育研究フォーラムワークショップ iPad を大学体育実技で使ってみよう		
			大学体育	101	99-101
28	高橋智	2010	体育授業研究 高等学校の体育 生涯スポーツにつなげるゴルフの授業		
			女子体育	52(1)	38-43
29	土屋正則ほか	2005	ゴルフの授業における技術指導について…各種練習用ツールの集団指導への応用…		
			千葉工業大学研究報告　人文編	42	79-84
30	土屋正則ほか	2005	大学体育で行われるゴルフの集団指導法の開発に関する研究		
			千葉工業大学研究報告　人文編	42	73-77
31	高松潤二ほか	2000	大学体育における支援情報の利用に関する研究：「ゴルフ」授業におけるインターネットを介した映像フィードバックの試み		
			大学体育研究	22	55-61
32	高井茂ほか	1989	正課体育実技ゴルフ実施報告		
			体育学論叢	6（1）	67-74

第4章　ゴルフ授業に関する文献レビュー

	著者名	発行年	タイトル		
			誌名	巻号	ページ数
33	内藤裕子 ほか	2004	視覚障害者とゴルフについて―集中授業の事例から―		
			東海大学紀要 体育学部	33	75-86
34	中澤一成 ほか	2002	ゴルフ授業履修学生に対する意識調査―集中授業について―		
			運動とスポーツの科学	8（1）	93-98
35	平木宏児 ほか	2014	余暇生活実習(ゴルフ)における授業の評価		
			追手門学院大学社会学部紀要	8	65-76
36	福ヶ迫善彦	2014	体育・スポーツ実践研究 大学の体育 仲間づくりを大切にした大学の授業 ： グラウンド・ゴルフの実践を通じて		
			女子体育	56(2.3)	52-57
37	福永哲夫	1989	一般教育ゼミナール(ゴルフ)授業に関する実験的研究(資料)		
			体育学紀要	23	99-104
38	松村公美子	2015	ゴルフスイング体操―安全で効率的なゴルフ練習法を目指して―		
			ゴルフ教育研究	1（1）	9-21
39	松村公美子	2015	ゴルフスイング体操―ゴルフスイング体操による授業について―		
			ゴルフ教育研究	1（1）	23-25
40	益子詔次	2003	生涯スポーツをめざした大学体育としてのゴルフ授業		
			宇都宮大学教育学部教育実践総合センター紀要	26	51-57

	著者名	発行年	タイトル		
			誌名	巻号	ページ数
41	村木茂明	1991	酪農学園大学におけるゴルフ授業に関する調査研究-アンケート調査を通して-		
			酪農学園大学紀要 人文・社会科学編	16	15-19
42	米川直樹 ほか	2014	中学校体育授業でのスナッグゴルフ実施による生徒の反応について		
			三重大学教育学部附属教育実践総合センター紀要	34	83-88
43	安井年文 ほか	2013	大学体育のゴルフ授業における技術的効果に関する基礎的研究 : 二つの授業形態における動作習得の差異に着目して		
			大学体育学	10(1)	87-94
44	安井年文 ほか	2003	大学体育授業におけるゴルフ技術の習得について		
			青山学院大学紀要	45	71-79
45	米川直樹 ほか	1995	大学体育実技におけるゴルフ授業の一例		
			大学体育	22(2)	36-41
46	了海諭 ほか	2006	軌跡表示映像教材を用いたゴルフスウィング指導の効果について		
			東海大学教育研究所研究資料集	14	81-85
47	和田敬世	2003	動画像解析手法を用いたゴルフ授業における指導の一方法		
			八戸工業大学異分野融合科学研究所紀要	1	39-43

（西垣景太）

【著者プロフィール】

北 徹朗（きたてつろう）

1977 年生まれ。専門分野は、健康教育学、健康・スポーツ経営学、授業開発論。2008 年に昭和大学にて博士（医学）の学位を取得後、ICU（国際基督教大学）、国立大学法人電気通信大学などの非常勤講師を経て、2010 年に帝京科学大学専任講師、2012 年に武蔵野美術大学専任講師。2016 年現在、武蔵野美術大学身体運動文化准教授、サイバー大学客員准教授、中央大学保健体育研究所客員研究員、明治大学政治経済学部兼任講師。日本運動・スポーツ科学学会常任理事、日本ゴルフ学会理事、公益社団法人全国大学体育連合常務理事、公益社団法人日本プロゴルフ協会経営戦略委員、ゴルフ市場活性化委員会委員（有識者）などを歴任。

橋口剛夫（はしぐちたけお）

帝京科学大学こども学部学校教育学科教授。学位：博士（学術）、体育学修士。専門分野：運動生理学、健康科学、スポーツ科学。学会活動：日本運動・スポーツ科学学会理事、日本ゴルフ学会関東支部理事、大学ゴルフ授業研究会世話人、日本臨床生理学会評議員など。

髙橋宗良（たかはしむねよし）

鎌倉女子大学児童学部児童学科准教授。学位：博士（保健学）、博士（教育学）。専門分野：スポーツ方法学、安全教育学。学会活動：日本運動・スポーツ科学学会理事、日本ゴルフ学会理事、大学ゴルフ授業研究会世話人など

浅井泰詞（あさいたいし）

1983 年生まれ。専門分野は、健康科学、運動生理学。国士舘大学体育学部卒業、国士舘大学大学院スポーツ・システム研究科修了、修士（体育科学）。日

本女子体育大学、東京工科大学、武蔵野大学などの非常勤講師を経て、現在、目白大学体育教育研究室専任講師。日本ゴルフ学会関東支部幹事、日本水泳連盟科学委員、日本オリンピック委員会強化スタッフなどを歴任。非常勤講師としてゴルフ授業を担当し、集中授業においてもゴルフを担当している。

小林勝法（こばやしかつのり）

1958 年生まれ。文教大学教授。（公社）全国大学体育連合専務理事、（一社）日本体育学会理事、（一社）大学教育学会代議員、（公財）スポーツ安全協会評議員。国際基督教大学卒業、筑波大学大学院体育研究科修了。

松林幸一郎（まつばやしこういちろう）

亜細亜大学経済学部経済学科准教授。ゴルフ授業歴：専修大学、駿河台大学、東海大学、亜細亜大学など。大学ゴルフ授業研究会世話人。

松村公美子（まつむらくみこ）

1964 年 4 月 12 日生まれ。武庫川女子大学 文学部 国文学科 卒業。一般社団法人 日本女子プロゴルフ協会 ティーチングプロフェッショナル会員。golf exercise team GET 代表。武庫川女子大学 非常勤講師。ゴルフスイングの動作の提示と安全な筋出力法を兼ねた『ゴルフスイング体操®□』を考案、構成。株式会社ベースボール・マガジン社より DVD ブック『ゴルフスイング体操』を出版。武庫川女子大学にて『ゴルフ実技』の授業を担当する他、GET Golf Academy 主宰として、宝塚市、大阪市、京都市などでゴルフ指導に携わる。

西垣景太（にしがきけいた）

1981 年生まれ。中部大学生命健康科学部スポーツ保健医療学科 講師。著書：『体育教科書　指導用』データハウス。学位：博士（心理学）、体育学修士

専門分野：スポーツ心理学。主な資格：健康運動指導士、トレーニング指導者協会　トレーニング指導者　など。非常勤講師としてゴルフの授業担当を行うほか集中授業での指導を経験。大学ゴルフ授業研究会世話人。

ゴルフの授業実践 —体育授業としてのゴルフ—

2016年7月9日　　初 版 発 行

<table>
<tr><td></td><td>大 学 ゴ ル フ 授 業 研 究 会　　編</td></tr>
<tr><td>編集主幹</td><td>北　徹朗</td></tr>
<tr><td>著　者</td><td>橋口　剛夫・髙橋　宗良
浅井　泰詞・小林　勝法
松林 幸一郎・松村 公美子
西垣　景太</td></tr>
</table>

定価(本体価格1,650円+税)

<table>
<tr><td>発行所</td><td>株 式 会 社　三 恵 社
〒462-0056 愛知県名古屋市北区中丸町2-24-1
TEL 052 (915) 5211
FAX 052 (915) 5019
URL http://www.sankeisha.com</td></tr>
</table>

乱丁・落丁の場合はお取替えいたします。

ISBN978-4-86487-414-4 C3075 ¥1650E